U0448123

可持续投资

[英]拉里·斯威德罗（Larry E. Swedroe）
[英]塞缪尔·亚当斯（Samuel C. Adams） 著
兴证全球基金管理有限公司 译

YOUR ESSENTIAL GUIDE TO
SUSTAINABLE INVESTING

How to Live Your Values and Achieve Your Financial Goals with ESG, SRI, and Impact Investing

中信出版集团 | 北京

图书在版编目（CIP）数据

可持续投资 /（英）拉里·斯威德罗，（英）塞缪尔·亚当斯著；兴证全球基金管理有限公司译. -- 北京：中信出版社，2023.5
书名原文：Your Essential Guide to Sustainable Investing: How to Live Your Values and Achieve Your Financial Goals with ESG, SRI, and Impact Investing
ISBN 978-7-5217-5443-8

Ⅰ.①可… Ⅱ.①拉…②塞…③兴… Ⅲ.①投资－研究 Ⅳ.① F830.59

中国国家版本馆 CIP 数据核字 (2023) 第 036452 号

Your Essential Guide to Sustainable Investing: How to live your values and achieve your financial goals with ESG, SRI, and Impact Investing
Copyright © 2022, Larry E. Swedroe, Samuel C. Adams
Originally published in the UK by Harriman House Ltd in 2022, www.harriman-house.com
Simplified Chinese language edition published in arrangement with Harriman House Ltd. through The Artemis Agency.
Simplified Chinese copyright © 2023 by CITIC Press Corporation
All rights reserved
本书仅限中国大陆地区发行销售

可持续投资
著者：　　[英]拉里·斯威德罗
　　　　　[英]塞缪尔·亚当斯
译者：　　兴证全球基金管理有限公司
出版发行：中信出版集团股份有限公司
　　　　　（北京市朝阳区东三环北路 27 号嘉铭中心　邮编　100020）
承印者：　北京诚信伟业印刷有限公司

开本：787mm×1092mm　1/16　　　印张：21　　　字数：203 千字
版次：2023 年 5 月第 1 版　　　　印次：2023 年 5 月第 1 次印刷
京权图字：01-2023-1296　　　　　书号：ISBN 978-7-5217-5443-8
　　　　　　　　　　　　　　　　定价：85.00 元

版权所有·侵权必究
如有印刷、装订问题，本公司负责调换。
服务热线：400-600-8099
投稿邮箱：author@citicpub.com

谨以此书献给我的挚友拉里·戈德法布（Larry Goldfarb）。

——拉里·斯威德罗

中文版序言

在全球气候变化问题日益突出的今天,可持续发展已经成为人类命运共同体面临的重大课题。2020年9月,中国在第七十五届联合国大会上向国际社会做出了碳达峰、碳中和的庄严承诺。中国共产党第二十次全国代表大会上,习近平总书记深刻指出:加快发展方式绿色转型。完善支持绿色发展的财税、金融、投资、价格政策和标准体系。发展绿色金融、践行责任投资已经成为资产管理行业服务国家战略、全球治理的共同责任,亦是资本市场的内在要求和资管行业促进高质量发展的重大方向。

自兴证全球基金2008年成立境内首只社会责任投资(SRI)基金以来,中国责任投资已经迈入第15个年头,发展日新月异。截至2022年年底,中国责任投资的整体规模已攀升至24.6万亿元,责任投资基金则从2008年的个位数跃升至606只。在世界范围内,责任投资亦在蓬勃发展。据全球可持续投资联盟统计,2020年全球的可持续投资资产已达35万亿美元,占据总资产管理规模的 35.9%。2026 年全球 ESG（环境、社会与治理）管理资产更有望以 42.7% 的复合增长率加速扩容，其中亚太地区增速最快，有望增长 330%。①

责任投资已然是大势所趋，并将给资产管理行业带来深刻变革。作为资产管理机构，我们相信，践行责任投资，不仅是行业助力国家战略、经济转型的重大机遇和责任，也是广大投资者义利并举、兼顾多重回报的投资方式。

一方面，责任投资是资管行业落实国家"双碳"战略，促进高质量发展的重要抓手。当下，中国正处于由粗放发展向高质量发展转型的关键期。党的二十大报告指出，推动经济社会发展绿色化、低碳化是实现高质量发展的关键环节。而兼顾经济、环境、社会因素的责任投资理念与中国的新发展要求内涵一致，既有助于引导更多社会资金流向低碳转型的新领域、新技术和新模式，也有利于为 ESG 绩效更优的企业创造良好的融资环境，激励更多企业积极践行社会责任，促进国家、社会可持续发展。

另一方面，责任投资作为大势所趋的投资新范式，有望实现义利并举，兼顾投资的财务回报和社会环境影响力。以 ESG 投资为例，相较传统的投资策略，该理念将环境保护、社会责任、公司治理等非财务因素纳入投资决策，以更全面的视角评估投资标的；而优秀的 ESG 表现有助于降低企业风险，提高经营效率并实现长期投资价值。同时，投资者可通过积极所有权等责任投资方式，通过股东提案、投票表决等方式与企业展开积极、

---

① 资料来源：中国责任投资论坛（China SIF），《中国责任投资年度报告 2022》；全球可持续投资联盟（GSIA），"Trends Report 2020"；普华永道（PwC），"Asset and wealth management revolution 2022: Exponential expectations for ESG"。

建设性的对话，促进企业改善可持续发展表现，共同创造美好的世界。

兴证全球基金致力于成为中国责任投资的开拓者、践行者和倡导者，我们相信："投资在力求创造财富的同时，还可以改变世界"，并为此奋力前行。公司发行的境内首只SRI理念基金、绿色投资基金，目前已经合计服务近105万持有人，管理规模近百亿元（截至2022年12月31日）。近年来，公司不断完善责任投资制度，加入联合国责任投资原则组织（UN PRI）、支持气候变化相关财务信息披露工作组（TCFD），以实际行动积极践行ESG投资理念。兴证全球基金股东方兴业证券作为中国资本市场的重要参与者，绿色金融的先行者、实践者和探索者，深入贯彻责任投资理念，已将责任投资、绿色投资理念运用到各个相关的业务条线，并率先与联合国开发计划署驻华代表处合作，推动中国"双碳"投资地图开发项目，有效引导全球社会资源投向中国可持续发展领域。

百川归海，大势所趋。随着更多志同道合的同行者加入，责任投资的谱系亦在日益壮大，逐渐形成社会责任投资、ESG投资、影响力投资、绿色投资等丰富的策略，为投资者提供了多样的选择。《可持续投资》是兴证全球基金翻译的第三本责任投资相关图书，此时翻译这本书，正是希望帮助投资者明辨各类策略的特点，制订适合自身的责任投资计划。

15年前，我们曾在《社会责任投资》一书的序言中提到："我们的每一小步，尽管不能改变世界的一切，但至少可以逐步改变我们周边。"15年后的今天，在《可持续投资》出版之际，我们依旧秉持这份信念，希望通过投资为国家、行业和人民创造福祉。责任投资之路依旧任重道远，我们需要更多的努力，也希望未来与更多的人一道向善投资、向远而行。

杨华辉
兴证全球基金董事长

原版序言

据晨星统计，在 2021 年上半年，大量资金流入可持续投资基金，使其总规模达近 25 万亿美元。无论在美国还是其他国家，投资者对具有环境、社会和治理（ESG）目标的基金的投资兴趣与日俱增。金融业对此需求的回应是 ESG 基金如雨后春笋般涌现，部分现有基金亦在进行重塑。彭博数据预测，截至 2025 年，将有超过 50 万亿美元（占基金总规模 1/3 以上）投资于 ESG 基金产品。这些产品宣称，它们旨在推进实现一个更可持续发展的世界，同时致力于提高投资回报。

显然，投资者也有强烈的需求在投资中体现其道德原则，即投资于符合他们价值观的金融产品。这意味着，除了实现财务目标，投资者还希望获得潜在的情感收益。投资者希望投资策略与他们的价值观保持一致。如果他们能够推动所投资的公司改善社会成果，同时提高自身的财务回报，这无疑是极富吸引力的双赢。但是，那些标榜自己符合 ESG 标准的投资产品真的能兑现承诺期业绩为代价来实现。希望进行可持续投资的投资者应该有合理的预期，包括愿意接受较低的长期回报。

另外，这本书提供了一个积极的观点——ESG 投资对股价的反馈将影响广大的公司行为。如果符合 ESG 标准的公司享有更高的股价和更低的融资成本，那么上市公司将被激励去提高其 ESG 评级。因此，对可持续投资的关注可以使公司以更积极的方式行事。

两位作者进而研究了这个问题——可持续投资是否真的让公司更负责任。书中引用的大量研究表明，投资者对 ESG 的关注有效地鼓励了公司采取具有积极社会影响的行动，例如减少温室气体排放。然而，没有明确的证据表明，从没有拥抱可持续发展的公司中撤资影响了它们筹集资金的能力。因此，认为增加对可持续发展的公司的投资就足以让该国实现其环境目标，或许是错误的。降低经济体碳排放强度的最有效方法是，改变污染的经济动机。这可以通过碳税来实现，或者政府可以拍卖数量有限、可交易的污染许可证。如果公司面临特别高的污染减排成本，它们或许会更有动机减少排放。对于那些质疑政府出售排污权是否道德的人，有一个简单却准确的答案："这比放任污染排放要好。"

ESG 投资确实在改变世界，但对于这些欣喜于在投资中创造社会影响力的投资者，我们能给予什么建议呢？一个简单的建议是，购买标的广泛的 ESG 基金或 ETF，这些投资产品通常宣称可以帮助拯救世界并力求提升财务回报。问题在于，这些基金的持有价值还未可知。在美国，与普通的指数基金相比，此类基金的分散化程度较低且价格较高，从长远来看可能表现不佳。在此情景下,"善作(做好事)善成(好成果)"的愿望可能并不能实现。

在最后一章中,两位作者为希望建立与其价值观相一致的投资组合的投资者提供了实用的建议。在梳理了大量文献资料后,他们清楚地列出了必要的步骤和所需的框架,为选择 ESG 投资提供了标准,同时也提示了其中可能存在的困难和陷阱。

我个人支持他们所说的"耐心方法",选择循序渐进地做出改变,而不是"一步登天"似的改变整个投资组合。例如,如果你的投资组合重仓了宽基指数基金,或许可以再配置一些可再生能源基金或其他你重视的可持续投资主题基金。无论选择哪种替代方案,作者都提醒我们尽职调查至关重要。毕竟,善作善成虽美,却不易得。

伯顿・麦基尔(Burton G. Malkiel)
全球投资大师、《漫步华尔街》作者

译者前言

气候变化正在真实发生。我们写下这篇前言时，中国北部正在经受沙尘暴的侵扰，上海、杭州等南方城市亦受波及。中央气象台分析，气候变化引发的异常天气或许正是本次大规模沙尘暴的重要诱因，相较往年同期，蒙古国等沙源地气旋发展强盛，气温偏高 5℃~8℃，出现了较为罕见的回温天气。人类该如何应对这些环境挑战？个体又该如何参与？许多人往往会想到义务植树、绿色出行，而作为投资者，你也同样可以选择责任投资。

在责任投资理念广受关注的今天，投资者已经拥有了较为丰富的选择，新的疑问也正在产生：责任投资、可持续投资、社会责任投资、ESG 投资、绿色投资有什么区别？它们能为投资者带来什么，又能为世界创造什么改变？我们该如何制订适合的投资计划？

事实上，这些也是责任投资生态圈普遍的问题。我们从 2008 年在境内率先成立社会责任投资基金起，也亲历了对这些问题的探索历程。如果说我们 2008 年、2011 年翻译的《社会责任投资》《掘金绿色投资》聚焦于责任投资领域的特定议题，那么我们翻译的第三本责任投资图书——《可持续投资》将成为更为全面的指南。

本书以回答"是什么"开篇。相较责任投资、可持续投资这两个含义相对广泛的术语，第一章、第二章系统梳理了社会责任投资、ESG 投资、影响力投资等策略的含义和特点；第五章则讲述了从 SRI 到 ESG 的演变。在第三章，读者将会了解"谁在践行可持续投资"。作者指出，主权财富基金、养老金、资产管理者和个人投资者，都可以成为可持续投资践行者。这不仅因为可持续发展既关乎国家的长远未来，也和每一个人的生活息息相关，更因为它有机会兼顾"做好事"和"投好资"（Doing Good and Doing Well）。

第四章拆解了三类常见的可持续投资策略的财务回报、社会回报和个人回报，第六章、第七章则详尽分析了其业绩回报和实际影响力。投资者如何能够通过可持续投资收获超额回报？ESG 投资能否优化风险管理？社会责任投资的剔除策略对业绩有何影响？可持续投资基金是否言行一致，改变世界？作者在这几章摘录了诸多学术文献和前沿讨论，将为读者带来"为什么"的丰富答案。最后，第八章和附录将回答"如何践行可持续投资"的实操问题，读者能够从中收获制订可持续投资计划的流程性指南。

正如气候变化是全人类的共同挑战，责任投资和可持续发展亦是全世界的共性趋势。本书作者均为资深投资专家，在责任投资领域深耕多年，不仅系统梳理了责任投资谱系中的各类策略，也分享了欧美等成熟市场的投资实践经验。"他山之石，可以攻玉"，我们相信本书的内容对中国投资者也将有所启发。同时，我们也想提醒读者，在中国这一新兴市场，责任投资或许更具前景：一方面，绿色转型和治理升级将带来更多的投资机会；另一方面，投资者可以通过股东倡导更好地优化企业可持续发展表现，或可获得更大的回报空间。

兴证全球基金作为境内最早开展责任投资的资管机构之一，始终致力于成为责任投资的开拓者、践行者和倡导者。公司高管、基金经理和许多员工均参与其中。在此，我们诚挚感谢每一位参与翻译出版的人员：刘一锋、杨浩东、彭莱、黄锦晖、柯锦达、黄可鸿、白敬璇、邓徽、朱兴亮、李小天、吴思颖、杜昕玥等。我们也由衷感谢中信出版社引进了两位优秀海外投资人的这部最新作品，让中国投资者有机会阅读。

在本书出版之时，我们已经度过了第 54 个世界地球日，其主题正是"投资我们的星球"（Invest in Our Planet）。我们相信，与植树造林、节能减排相同，责任投资也能成为人类保护地球的有效方式。我们也期待，与你一同向善投资、向远而行，守护彼此共同的家园。

兴证全球基金管理有限公司

目录

引言_001

登山者的启示	003
投资人的启迪	005
良机与妙思胜过百万雄兵	005
变革的引擎正在轰鸣	008
三个问题	008
踏上旅程	009

第一章
什么是可持续投资_011

可持续投资的三种类型	014
SRI	014
影响力投资	018
ESG 投资	020
总结	026

第二章
可持续投资的方法_029

负面/排除性筛选	033
正面/同类最佳筛选	034
基于规范的筛选	035
ESG整合	036
可持续主题投资	037
影响力/社区投资	038
公司参与和股东行动	039
总结	039

第三章
谁在为可持续发展进行投资_041

主权财富基金	044
养老基金	045
学院和大学捐赠基金	047
基于信仰的投资者	049
家族办公室和基金会	050
财务顾问和财富管理公司	051
个人投资者	052
资产管理机构	054
投资者联盟	055
总结	057

第四章
为什么要进行可持续投资_059

可持续投资的三重回报：财务、社会和个人	061
总结	077

第五章
ESG投资的演变_079

在ESG之前，是SRI　　　　　　　　　　081
ESG的诞生　　　　　　　　　　　　　082
ESG 1.0：评级时代　　　　　　　　　083
ESG 2.0：实质性原则走到台前　　　　084
ESG 3.0：展望未来　　　　　　　　　089
总结　　　　　　　　　　　　　　　　093

第六章
可持续投资的业绩表现_095

偏好、风险和分散投资的经济学理论　　098
可持续投资偏好的代价　　　　　　　　107
矛盾的观点　　　　　　　　　　　　　118
发展社会责任因子　　　　　　　　　　137
市场是否能有效为可持续风险定价　　　141
可持续投资对投资策略的影响　　　　　149
私人影响力投资的回报　　　　　　　　160
总结　　　　　　　　　　　　　　　　162

第七章
可持续投资者如何改变世界_167

可持续投资使公司变得更好	169
企业可持续发展、股票回报和员工满意度	175
ESG 评级的动量和表现	178
ESG 投资者的环境影响	181
环境监管对公司的影响	185
可持续投资是否会剥夺不可持续的公司的新资本	190
可持续投资基金是否言行一致	192
首次公开募股定价:可持续性重要吗	198
股东积极主义会改善公司吗	200
总结	201

第八章
如何践行可持续投资_203

所有投资者都应该考虑的原则	206
选择是自己动手还是聘请专业顾问	206
ESG基金管理人遴选框架	214
选择ESG基金管理人的调研工具	222
总结	226

结论_227

附录A
SRI的历史_237

SRI的宗教根源	237
现代：SRI的日益普及	240
总结	242

附录B
你应该聘请财务顾问吗_243

聘请顾问	245

附录C
美国的ESG共同基金、ETF和专户_253

指数基金或ETF	254
Dimensional公司的基金	255
希望更多参与股东事务的基金	255
平衡策略型ESG基金	256
专户	259

附录D
资源指南_261

附录E
基金经理访谈指南_285
  ESG 质量   285
  ESG 倾向   286
  承诺   286
  总结   287

术语表_289
参考文献_301

引言

SUSTAINABLE INVESTING

登山者的启示

我很幸运能在意大利北部长大,成长于一个喜欢滑雪的家庭。那时,我和家人几乎每个周末都会去滑雪。我记得第一次滑雪之旅应该是在感恩节,最后一次则是在复活节后。现在,我已有了自己的孩子,但再也没能在感恩节前去滑雪。实际上,近年即使是圣诞节,人们也很难找到滑雪之处。这一点令人警醒:从前的滑雪季,往往会持续 7 个月以上,现在已缩减到 4 个月。如果我明知孩子们长大后可能无雪可滑,是否还应该教他们滑雪呢?

大学期间,我转学到了美国科罗拉多大学博尔德分校,以便开启登山运动,这成了我的主要爱好。后来,我还同时爱上了滑雪、滑冰、高山滑雪和混合登山运动。我甚至搬到了法国霞慕尼,那里不仅是现代登山运动的发源地,还坐拥一些享誉世界的经典的登山路线。

另一件事令人警醒:许多经典的登山路线已不再能供人攀登。冰雪退去得如此之多,以至于登山变得过于危险。在某些情法最终会战胜传统。

我所知的关于气候变化、资本市场变化的事，其实并不是正在敲响的警钟，它们更像一系列缓慢到来的现实，并最终导致日益增长的恐惧。众所周知，气候变化主要是20世纪70年代以来燃烧化石燃料引起的，但我们才刚刚开始调整行动方向。

谈到气候变化，资本主义没能改变游戏规则——影响力尚未形成规模，变革速度也不够快。批评资本是很容易的，许多思想领袖和作家都在做这件事。2002年，对1972年出版的《增长的极限》一书30年后的再版，提供了一个令人信服的理由[2]，即他们最初的预测正在成真——人类使用的资源已经超过了地球的供给，并产生了明确的影响，为了避免灾难，我们需要结束资本主义下的增长模式。

我发现这种思维方式难以接受——资本主义有无法修复的缺陷，需要被大规模替代。毕竟，我和丹一起工作，金融服务的孪生变革正在获得力量，能提供更好的投资建议和投资方案。资本主义似乎正努力在此找到更优解，尽管变化是缓慢的。我们在一家拥有芝加哥大学诺贝尔经济学奖得主的公司工作，而芝加哥大学以全面捍卫自由市场资本主义而闻名。

考虑到这一点，我一直在寻找资本市场下的解决方案。我最终发现了保罗·霍肯（Paul Hawken）的观点和他的两本书《自然资本主义》[3]和《商业生态学》[4]。我非常高兴地意识到，存在另一种对气候变化和资本主义的思考方式。这种方式认为，资本主义存在缺陷，但并非致命；此外，资本主义可以用其速度、效率和规模经济带来巨大变化。毕竟，资本主义曾让汽车在短短几年内取代马车的推动力。

保罗等人认为，随着人们心态上一些明显而重要的转变，资本主义可以成为我们应对气候变化的解决之道。最重要的是，投资者需要学会拥有耐心，因为企业需要时间和努力才能调整。公司需要用可循环商业模式来取代线性的、采掘的、污染的手段（也就是索取、制造、废弃的环节）——这种新的商业模式会将产出品作为可再生系统的投入品，以此努力消除浪费。此外，股东至上模式需要被更具包容性的利益相关者模式所替代。这引起了我的共鸣。我意识到我想在资本主义体系内工作，并努力将其转换为新的升级版，就像我们在金融服务领域所做的那样。但我不知道具体怎么做。

后来，我了解到 ESG 投资，以及它与社会责任投资（SRI）有何不同。ESG 是环境（environmental）、社会（social）和治理（governance）的首字母缩略词，这一投资体系将非财务标准纳入企业风险和机会分析之中。这些相关数据被称为"财务外数据"或"非财务数据"，因为公司标准财务报告中不对此进行披露。它包括企业用作生产投入的自然资源，其中大多是免费的（如淡水、清洁的空气和营养土壤），还有一些近乎免费（如成熟的林木、矿物和沉积物）。此外还包括企业的有害产出（如污染、废弃物和温室气体）及有益产出（如工作、培训和社区服务）。总结而言，SRI 致力于使投资组合与个人价值观保持一致，ESG 投资则试图对我们认为有价值但不受市场定价的东西赋以经济价值。

资本市场擅长分配资源，资源是根据自由市场下的价格信号进行分配的。然而，它只能计算有价格的东西。而清洁的空气、淡水、土壤，以及废物和污染，都没有价格标签。如果没有价格时的运行模式认定它是免费的，那么结果是，为了企业的利益最大化，此类投入的使用不会被限制，此类废物的生产也不被限制。通过外部性定价，资本市场有机会扭转一个关键问题：改变"索取—制造—废弃"的线性模式。如果索取和废弃环节的成本高昂，企业将推动可循环商业模式的发展，因为这将更加有利可图。

ESG 投资者（至少其中部分人）正努力成为长期投资者，毕竟他们正在寻求可持续发展。如果有足够多的投资者拥有长期投资的耐心，被投资的企业领导者则可以超越季度的盈利周期，开展更多长期高回报项目。ESG 投资者同时会重视多方利益相关者，即我们需要关注人与地球，而不仅仅是利润。

变革的引擎正在轰鸣

可持续投资有机会改变我们当前资本制度的三个主要问题：股东至上模式、线性开采模式和短期思维框架。我由衷期待可持续投资能成为变革的引擎。因此，我改变了我的职业生涯，全职推动可持续投资的发展。我认为在这个新兴领域工作，可能有真正的机会做有益之事。如果我能促进数十亿美元规模的投资转移到可持续投资上，资本市场将开启调整的步伐。就像金融服务的孪生革命一样，我们将走上向善投资之路。

三个问题

理想主义的运动和强力的商业模式之间有很大的区别。考

虑到这一点,在成立 Vert Asset Management 之前,我研究了可持续投资是否有其基础的三个主要问题:

1. ESG 投资有真正的市场需求吗?
2. ESG 投资是一种强力的投资策略吗?
3. ESG 会产生什么影响?

最初的研究让我相信,以上每个问题的答案都是确凿而肯定的。基于此,Vert Asset Management 成立了。我们的使命是向尽可能多的人推广可持续投资,引导更多的投资者开展 ESG 投资,资本市场将因此而发生改变。

而在投资者教育领域,你总能看到拉里·斯威德罗。几十年来,我一直认为拉里是这场金融孪生革命中最突出的发声人之一。在实证投资和 ESG 投资的交叉路口上,与他重新建立联系是极好的。拉里此前已经梳理了诸多 ESG 研究,审阅论文并为财务顾问撰写要点。当他告诉我,需要推出一本书来汇总所有相关信息时,我抓住了与他合作的机会。

推出这本书的目的,是与你分享我们对这些问题的思考,也希望为想拥抱可持续投资的人提供指南。

踏上旅程

读到这里,你即将踏上一段旅程,这段旅途中我们将为你提供制订可持续投资计划所需的知识。这趟可持续投资之旅有三个部分。

第一部分，给出可持续投资的定义，并明确区分了 ESG 投资、SRI 和影响力投资。我们提供了一些历史背景，包括"谁在做可持续投资"以及"为什么这样做"。

第二部分，我们总结了相关的实证研究以及可持续投资风险和回报相关的观点，涉及上市公司考虑可持续发展时的融资成本的变化，以及投资者对 ESG 投资、SRI 等策略的预期回报。

第三部分，我们提供了实操指南，为投资者如何进行资产配置、选择管理人和基金提供了操作框架。

我们希望这本书不仅能为可持续投资提供指导，还能让投资者了解自己在资本市场中发挥的作用。毕竟，资本市场一定程度上塑造了我们的世界，你的选择非常重要。如果有了意识和目标，你就可以选择让你的金钱如何影响这个世界。祝你的可持续投资之旅愉快！

塞缪尔·亚当斯

第一章
什么是可持续投资

管价值投资已经存在约 100 年了，但许多人对这一术语的含义仍然意见不一。近期，随着越来越多的投资者将"因子""基本面"等词用于不同的用途，这些术语或许也已偏离了它们最初的含义。虽然历史定义可能不再是唯一的，但针对其指代的特定投资类型，历史定义通常有不少有用的信息。因此，在可持续投资相关的术语日渐泛化或淡化之前，回顾其原始用途将有所帮助。

可持续投资的三种类型

虽然可持续投资的形式有数十种，但我们仍可以把大多数的可持续投资分为三个大类：ESG 投资、SRI 和影响力投资。如图 1.1 所示，这三种形式的可持续投资延展了传统投资和慈善事业的机会范围——前者以财务回报为优先，后者以社会和环境成果为目标。

现在我们将依次回顾这三种类型的可持续投资，首先是 SRI。

SRI

SRI，几十年来几乎是最常被用来描述可持续投资的术语。和传统的投资者相似，SRI 投资者寻求在一定的风险水平下获得最大的总回报。不过，基于个人价值观，投资者会避免投资某些公司，有时是因为其生产的产品，有时是因为其做生意的方式与其价值观相悖。推崇 SRI 的投资者常常出于宗教或道德原因，

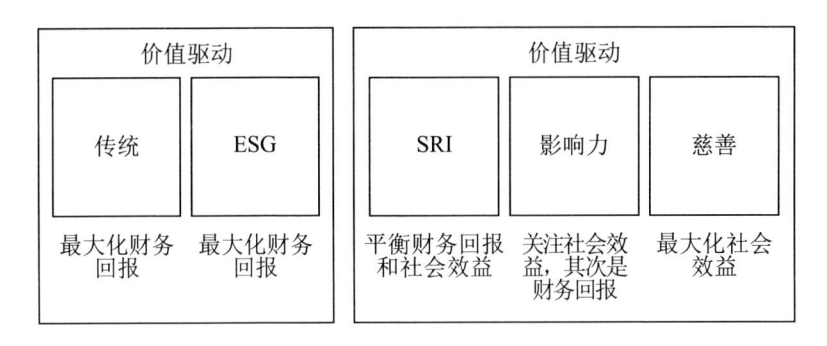

```
┌─────────────────────────┐  ┌──────────────────────────────────────┐
│       价值驱动          │  │             价值驱动                 │
│  ┌──────┐  ┌──────┐    │  │  ┌──────┐  ┌──────┐  ┌──────┐       │
│  │ 传统 │  │ ESG  │    │  │  │ SRI  │  │影响力│  │ 慈善 │       │
│  └──────┘  └──────┘    │  │  └──────┘  └──────┘  └──────┘       │
│  最大化财务 最大化财务  │  │  平衡财务回报 关注社会效益 最大化社会│
│  回报       回报        │  │  和社会效益   其次是       效益      │
│                         │  │               财务回报               │
└─────────────────────────┘  └──────────────────────────────────────┘
```

←──→
关注财务回报   关注社会影响

左侧的价值驱动类别包括旨在不损害风险和回报的投资方法。传统策略和ESG策略都旨在为所承担的风险获得最大的财务回报。它们把财务回报放在首位，然后才解决其他问题。右侧的价值驱动类别包括只有在投资者的价值得到满足后才考虑财务回报的策略。

图 1.1　可持续投资的范围

将有问题的公司甚至整个行业排除在投资组合之外。一个广为人知的例子是贵格会，其在100多年前出版了一本投资者指南，劝告其追随者避免投资任何从奴隶劳动中获利的公司。

部分早期的 SRI 基金通过全面规避"罪恶股票"（即酒精、烟草、赌博和色情行业的公司股票）吸引了道德投资者。其中一些策略还排除了枪支产业或核电产业。另一个例子是，SRI 投资者 20 世纪 80 年代开始从南非撤资，以抗议种族隔离制度。

SRI 策略已经开始变得更加复杂，不仅仅是对某些行业或公司进行负面筛选：一些 SRI 策略现在寻求利用正面筛选进行投资，支持能够提供解决方案的公司；另一些人则试图与有问题的公司接触，以改变其行为。整体来说，SRI 策略都是在构建投资组合时参考了投资者的个人价值观。如此一来，SRI 对投资者而

- 燃烧化石燃料进行能源生产。
- 其他对环境有重大负面影响的活动。
- 烟草制品。
- 专门为军事和国防用途设计的武器装备和产品。
- 侵犯人权。

影响力投资

虽然影响力投资原则上已经存在了几百年，但这个术语被认为是 2007 年由洛克菲勒基金会在一次会议上提出的。

影响力投资与慈善事业有共同的使命——基础目标都是解决社会或环境问题。利用捐款向有需要的地区提供商品和服务，这种非营利性的解决方案在很多情况下效果不错。然而，一些大慈善家意识到，他们的捐赠只是在短期内缓解问题，而不能长期解决问题，因此想要创造长期的、可持续的解决方案。最著名的案例可能是美国歌手鲍勃·吉尔道夫发起的四海一家（We Are the World）计划。该计划为缓解非洲的饥饿状况筹集了数亿美元的资金，然而在输入资金、食物和物资几年后，吉尔道夫回到项目地却看到孩子们仍然在受苦。诸如此类的经历使一些慈善家开始思考：营利性模式是否会比非营利性模式带来更长远的成功？

这种营利性模式以投资取代捐赠，用以创立有经常性收入，服务于特定社会或环境问题的企业。例如，影响力投资者可能不直接捐赠食物，而是提供资金来建立一个农场，农场将为当地社区提供食物。农场经营产生的利润都将用于再投资以扩大规模,从而为更多人提供食物,创造更多的就业机会,并提高社区的活力。在某些情况下,营利性模式比慈善性模式更具有可持续性和影响力。

普通投资者可能很难进行影响力投资,因为影响力投资基金大多数只向机构、基金会和高净值投资者开放。股权投资通常是在私人公司进行的,而这些公司的股票是不上市的。与上市公司或受监管的基金不同,它们可用的公共信息很少,因此额外的尽职调查是必要的。这些基金通常不会登记向公众出售,投资者可能需要凭借一个较高要求的收入或净资产才能获得购买资格。此外,大多数此类投资的流动性相对较差,有5~10年的封闭期,在此期间不能出售或获取收益。这些都是影响力投资在整个可持续投资领域仍然只占一小部分的原因。

影响力投资案例

美国的传统农业系统采用工厂化的耕作方法来提高产量。这对家庭农场,对土壤健康,甚至对人类健康都是不利的。易洛魁谷(Iroquois Valley)通过长期租赁向从事有机和可再生农业的家庭农场主提供安全的土地使用权,来扩大有机农业的规模。到目前为止,它们已经在15个州投资了60多个农场,覆盖近53平方千米的土地。

易洛魁谷是一种更容易进行的影响力投资,因为创始人努力使普通投资者也能投资于他们的公司。他们在2018年将公司转换为私人REITs(房地产投资信托基金),以便让合格投资者参与。净资产超过100万美元或年收入超过20万美元,或者只现实世界——现在和将来——鼓励为今世和后代的繁荣和包容性社会做出有贡献的投资。

8. 倡导气候行动。
9. 实现与 SDG（可持续发展目标）相一致的现实世界的影响。

PRI 组织现在有超过 3 000 个签署者，其资产管理规模超过 100 万亿美元。虽然并非所有资产都以可持续投资的方式管理，但这些资产管理公司已经签署了这些原则来支持更多的 ESG 披露和整合。ESG 已经迅速成为可持续投资中最大的类别。GSIA 估计，在全球 35.3 万亿美元的可持续投资中，超过 70%，即 25.2 万亿美元，将整合 ESG 投资策略。[5]

传统的证券投资选择采用如市盈率（P/E）或股息率（D/P）这种指标来确定或规避投资的公司。ESG 投资策略也是如此，但在分析中加入了环境、社会和治理因子。这个过程需要收集额外的数据。基金经理可以从大型数据供应商那里购买 ESG 评级数据、从内部 ESG 分析师那里获得信息，或者进行自己的基本面研究，最终将 ESG 数据与财务信息一起使用，以做出投资决策。

这样做的目的是通过向基金经理提供对整体风险（包括财务和非财务风险）的更好解释，实现对公司更深入的分析。每个基金经理都有他们自己的专有方法来构建投资组合。这在 ESG 方面也不例外。基金经理对不同标准的重视程度有很大差异。

数据和研究公司，如彭博、MSCI 和 Sustainalytics，收集和发布了几十个 ESG 标准的数据。这些标准如图 1.2 所示。

环境	社会	治理
保护自然世界	考虑人的关系	管理公司的标准
• 气候变化和碳排放 • 空气和水污染 • 生物多样性 • 森林砍伐 • 能源效率 • 废物管理 • 水资源缺乏	• 客户满意度 • 数据保护和隐私 • 性别和多元化 • 员工参与度 • 社区关系 • 人权 • 劳动标准	• 董事会构成 • 审计委员会构成 • 贿赂和腐败 • 高管薪酬 • 游说 • 政治贡献 • 检举方案

图 1.2　ESG 标准举例

资料来源：CFA Institute, ESG Factors, www.cfainstitute.org/en/research/esg-investing。

环境因素关注的数据在于公司所消耗的自然资源及其污染程度。直到最近，要获得这些数据仍非易事，不过，现在全球已经有超过 9 600 家公司自愿向 CDP（全球环境信息研究中心，前称碳信息披露项目）提供报告。CDP 是一家倡导披露温室气体排放、水资源使用和其他环境指标的数据供应商。自 2015 年《巴黎协定》签署以来，向 CDP 披露环境数据的公司数量增长了 70%。[6] 在一些市场，如英国，所有上市公司都被要求报告其温室气体排放量。因此，环境数据披露已经是公司标准报告的一部分。

社会因素是指公司在管理其人文、社会关系方面的表现，特别是员工、客户和供应商，同时也考察了公司如何影响其当地社区。就其性质而言，社会因素可以是高度定性的。例如，一个雇主如何对待其雇员和对当地社区的贡献可能是主观的，投资者应该谨慎对待相关评分数据。不过，一些社会指标比其他指标更容易量化，包括安全记录、侵犯人权的记录，以及员工获得医疗保健和福利的情况。2020 年的事件提高了许多社会议题的关注度。在新冠肺炎疫情防控期间，健康、安全和福利变得至关重要。在美国和不少西方国家，许多公司在乔治·弗洛伊德（George Floyd）被谋杀和随后发生的"黑人的命也是命"抗议活动之后，选择在多样性、公平和包容方面做出更多努力。

治理因素囊括了诸如董事会的独立性、高管薪酬和员工所有权等问题。相对环境和社会因素而言，公司治理是研究最充分的因素。几十年来，这些数据一直在公司的文件中报告。大量的良好数据使研究人员能够在很长一段时间内对成千上万的公司进行比较。许多研究表明，不良的公司治理会对公司财务业绩产生不利影响。[7]

绝大多数的可持续投资现在都被归类为 ESG 策略。ESG 投资者在大多数资产类别中有广泛的选择。虽然在大盘股中选择仍然更多，但在小盘股、债券，甚至另类资产中的可选项也越来越多。投资者可以选择从广泛分散到高度集中的策略，从低成本到高成本，从被动到主动。在过去的几年里，投资者对低成本的被动投资工具比对高成本的主动投资工具表现出越来越大的兴趣。这也是 ESG 内部的情况。自 2018 年以来，超过 540 亿美元被投资于被动 ESG 工具，而主动基金的投资额为 230 亿美元。

ESG 投资案例

贝莱德（Blackrock）旗下的安硕（iShares）是 ESG 策略基金的市场领导者之一。美国 10 个最大的 ESG ETF 中有 7 个为安硕系列基金。大多数安硕 ETF 追踪 MSCI 指数，其中有许多类型和不同的构建方法。仅在美国大盘股资产类别中，它们就提供 4 种不同的 ETF。以表 1.3 中介绍的 iShares ESG Aware MSCI USA ETF（ESGU）为例，该基金宣称的目标是"跟踪由指数提供者确认具有积极的环境、社会和治理特征的美国公司组成的指数，并表现出与母指数类似的风险和回报特征"。

利用投资组合最优化（optimization）管理技术，ESG Aware 基金经理剔除了武器、烟草和煤炭公司，优先考虑可持续发展能力较强的公司，同时保持各行业的充分分散。其目标是将业绩差异（被称为"跟踪方差"或"跟踪误差"）平均控制在基准的 0.5% 以内，使得该基金几乎成为传统指数的替代品。

另外，投资者可以通过 iShares MSCI USA Select ETF（SUSA）对 ESG 表现更进一步的倾向，该基金也在表 1.3 中做了介绍。该基金使用相同的最优化管理技术，但持有较少的公司，这些公司在 ESG 表现上有更高的评级。它被设计为平均表现在基准的 1.8% 以内。这样的权衡很明显：轻度的 ESG 倾向带来类似于指数的表现，但对可持续发展影响相对较弱；较强的 ESG 倾向则可能带来更具弹性的业绩表现。

表 1.3　ESGU 与 SUSA 概况

名称	ESGU	SUSA
提供者	贝莱德	贝莱德
投资工具	ETF	ETF
适用投资者	所有人	所有人
资产类别	美国股票	美国股票
最低投资额	无	无
流动性	日内	日内
持有数量	347	223

		续表
费率	0.15%	0.25%
期望回报	指数回报的 0.5% 以内	指数回报的 1.8% 以内
首要目标	最大化财务回报	最大化财务回报

总结

本章介绍了可持续投资的定义。我们定义了可持续投资的三个主要类型：ESG 投资、SRI 和影响力投资。有了这个基础，我们就可以进入第二章，讨论最常见的可持续投资方法。

名字意味着什么？

山姆把他的护照递给海关工作人员，并在心中准备好对常见问题的回答，如"你去过哪里？"或"你携带了水果或蔬菜吗？"。

这一次，工作人员问他是做什么生意的。山姆回答说："我和妻子经营一家可持续投资公司。"工作人员歪着头，停顿了一下，然后问："所有的投资不都应该是可持续的吗？"山姆喜笑颜开，回答说："当然！"然而他很快意识到，对工作人员来说，可持续意味着投资不会破产，而不是说它们对环境和社会负责。

过了几天，山姆请了一位电工到他家为电动汽车充电桩接线。电工问他是做什么生意的。回想与海关工作人员的谈话，山姆说："我们经营一家绿色投资公司。"电工热情地点点头说："是的，现在加州已经将大麻合法化，大麻业务是它的优势所在！"

山姆决定继续称它为可持续投资，并准备好了进一步的解释。这是一个令人困惑的术语，并且，随着它越来越流行，它的意思似乎变得更加混乱。

第一章 什么是可持续投资

可持续投资者在如何构建和管理投资组合方面有一系列选择。在这一章，我们将探讨最常见的方法。

在此过程中，我们参考了 GSIA 对可持续投资策略的分类。该联盟每半年发布一次关于可持续投资发展的研究报告。自 2012 年以来，该联盟已经根据投资方法论梳理了可持续投资策略的 7 种分类：

1. **负面／排除性筛选**：根据特定标准将某些部门、公司或做法排除在基金或投资组合之外。
2. **正面／同类最佳筛选**：投资于相对同行业而言具有正面特征的行业、公司或项目。
3. **基于规范的筛选**：根据国际规范规定的商业最低标准筛选投资，常见的国际规范发行方包括经济合作与发展组织、国际劳工组织、联合国及其儿童基金会等机构。
4. **ESG 整合**：将环境、社会和治理因子系统而明确地纳入财务分析。

5. **可持续主题投资**：投资于与特定可持续发展议题相关的主题类资产（如清洁能源、绿色技术或可持续农业）。
6. **影响力/社区投资**：旨在解决特定社会或环境问题的投资，此类投资往往将资本引向相对欠发达的社区或个人，以及具有明确社会或环境目标的企业。
7. **公司参与和股东行动**：利用投资者的股东权利来影响公司行为，包括通过直接的公司参与（即与公司的高级管理层、董事会沟通）、提交股东提案以及委托投票。

以上清单代表了投资者在构建可持续投资组合时最常用的方法。这些方法可以应用于 ESG、SRI 和影响力投资策略。许多投资者同时采用以上几种形式，因为它们并不相互排斥。例如，使用 ESG 整合策略的基金也可以使用负面筛选，将任何不符合最低 ESG 标准的公司排除在外；SRI 基金也可以将投资组合的一部分用于影响力投资。许多投资者越来越希望他们的基金管理人能够采取某种方式进行公司参与和股东行动，无论他们具体采用怎样的做法。

表 2.1 显示了 GSIA 对按各类方法管理的资产的估计，以及 2016 年以来相应的增长率。

表 2.1　全球可持续投资的增长（2016—2018 年）

（金额单位：10 亿美元）

	2020 年	2018 年	2016 年	增长 2016—2020 年	复合年增长率
影响力/社区投资	352	444	248	42%	9%
正面/同类最佳筛选	1 384	1 842	818	69%	14%

续表

	2020年	2018年	2016年	增长 2016—2020年	复合年增长率
可持续主题投资	1 948	1 018	276	605%	63%
基于规范的筛选	4 140	4 679	9 195	-33%	-10%
公司参与和股东行动	10 504	9 835	8 385	25%	6%
负面/排除性筛选	15 030	19 771	15 064	0%	0%
ESG整合	25 195	17 544	10 353	143%	25%

资料来源：Global Sustainable Investment Review 2020, Global Sustainable Investment Alliance。

接下来，我们将带你依次了解GSIA的这7种可持续投资风格。

负面/排除性筛选

负面筛选是根据特定标准将公司或整个行业从投资组合中排除的过程。这是一种无处不在的方法——很大比例的可持续投资策略使用某种形式的负面筛选。第一章提到的SRI基金案例，即美国素食主义气候ETF，使用负面筛选来排除对动物不友好的公司以及从事烟草、化石燃料和武器业务的公司。同样，ESG基金的案例，ESGU和SUSA都排除了煤炭、烟草和武器。

排除性筛选并不总是基于公司的行动结果，有时是基于它们的行为方式。许多策略排除了任何有重大争议的公司（如违反人权），或因环境污染受到罚款的公司。基金经理使用负面筛选的另一种方式是排除那些在 ESG 表现上低于某个门槛的公司（如它们在其行业 ESG 得分中处于最低的 1/4）。

负面筛选在原则上听起来很简单。然而，它在实践中可能是很棘手的。提出想排除酒精的建议很容易，但这实际上意味着什么？你是只排除制造商，还是同时排除酒类商店、提供酒类的酒吧和餐馆？那么，对于那些大部分收入来自食品销售，但有一小部分收入来自啤酒销售的全球企业集团，你会怎么做？对于与饮料业签订了大量合同的广告公司呢？

正面 / 同类最佳筛选

正面筛选是根据特定标准将公司纳入投资组合的过程。纳入的依据可以是一家公司是否提供了理想的产品或服务（如有机食品、可再生能源或可负担住房）。有的策略可以根据该公司是否属于某一特定团体或行动筛选。例如，RE100（一个聚集了世界上最有影响力的企业的全球倡议）中的公司已经承诺从可再生能源中采购 100% 的电力。另一些策略会纳入任何得分高于最低 ESG 得分标准的公司。

另一种正面筛选的形式被称为同类最佳筛选。这种方法纳入那些在 ESG 标准上比同类得分高的公司。这种策略通常被用来确保行业和部门的多元化。例如，如果投资组合的目标是降低碳足迹，你最终可能会严重集中在科技股和金融业，而对能源、采矿或制造业的投资很低或没有。通过持有每个行业中最好的，而不是总体上最好的公司，投资组合可以保持平衡。这种方法也吸引了一些想要激励领先者而忽略落后者的投资者。

使用正面筛选的投资策略可以调整对更具可持续性公司的倾向程度。如果你购买所有得分在平均水平或以上的公司股票，你会有一个分散的策略，其表现可能与整体市场很相似。如果你只购买表现最好的 10% 的公司股票，你会得到一个引领者组合。然而它将不那么多元化，并且在表现上可能与市场水平有明显的不同。

前文 ESG 投资案例中的安硕 ETF 使用了一种正面筛选的方式来选择其持有的公司。SUSA 的策略则更加挑剔，比 ESGU 要求的分数更高。因此，它的持股数量较少，更强调可持续性。然而，相对于市场投资组合，它将有更大的表现差异。

基于规范的筛选

基于规范的筛选使用第三方组织制定的原则或标准，来定义哪些公司应该被纳入或排除在投资组合之外。例如，一种流行的方法是使用联合国全球契约组织的 10 条原则。

人权

1. 企业应支持和尊重对国际上宣布的人权的保护。
2. 确保他们不会成为侵犯人权行为的同谋。

劳动

3. 企业应维护结社自由并承认集体谈判的权利。
4. 消除一切形式的强迫和强制劳动。

5. 有效废除童工。

6. 消除在就业和职业方面的歧视。

环境

7. 企业应支持对环境挑战采取预防措施。

8. 采取主动行动，承担更大的环境责任。

9. 鼓励开发和推广环境友好型技术。

反腐败

10. 企业应努力反对一切形式的腐败，包括敲诈和贿赂。

任何不符合这些规范的企业将被排除在投资组合之外。基于规范的筛选的一个挑战是确定哪些公司不符合标准。究竟什么才是"有效承认集体谈判的权利"？雇员必须有一个工会吗？什么构成"消除歧视"？一项政策也算吗？还是公司需要达到具有某种多样性的门槛？

ESG 整合

ESG 整合是一种投资者在评估证券时，将环境、社会和治理指标与其他因子一起纳入综合评估的方法。这在实践中的含义差别很大，因为现在有数百种策略声称使用这种方法。它可以包括这样的策略：基金经理主要关注公司的传统财务分析，只有在他们认为 ESG 问题特别紧迫时才会考虑。或者它也可以描述这样的策略：首先根据 ESG 特征选择证券，但也考虑一些传统分析。

现在有非常多的策略声称使用了 ESG 整合，以至于这个标签本身在一定程度上有些失去意义。投资者需要更深入地挖掘实际的方法以了解采用策略的过程。更加复杂的是，传统分析和 ESG 之间的界限正在变得模糊不清。在 2010 年，什么是传统的财务分析，什么是非财务或 ESG 分析是相当清楚的。随着时间的推移，ESG 指标已经成为标准风险分析的一部分。毕竟，传统的投资者和可持续投资者一样，担心由于环境罚款、数据泄露或腐败指控造成的财务损失。

气候风险是 ESG 整合和传统财务分析的一个好例子。气候风险被定义为转型风险和物理风险。转型风险描述了公司由于过渡到低碳经济而面临的问题。当可再生能源变得比化石燃料更便宜时，公司是否准备好了迎接它的崛起？公司是否准备好应对车辆的电动化？物理风险描述了随着气候变化，海平面上升、洪水、高温、干旱和风暴可能对企业产生的影响。公司的设施是否处于危险之中？公司能否在更高的温度或干旱中有效运作？无论是传统投资者还是可持续投资者，都应该关注这些风险。因此，不难想象在未来的某个时期，所有的投资分析可能都将整合一些 ESG 的因素。

可持续主题投资

越来越多的投资者选择投资于与特定可持续产品或工艺相关的主题资产。目前，已经有数十种基金和 ETF 只投资于可再生能源。例如，你可以投资于购买电动汽车公司股票的策略基金，或者那些专注于储能的策略基金。除此之外还有水基金、可持续农业基金，以及绿色技术 ETF。

一些投资者预测，随着这些公司规模的扩大，它们将获得高额回报。另一些人则认为，他们的资本是加速新技术发展的催化剂。许多人认为，随着向低碳经济的转型，投资可持续主题基金是积极参加大规模商业转型的一种方式。

影响力 / 社区投资

正如我们在第一章开头所讨论的，影响力投资与 ESG 投资、SRI 一样，是可持续投资的三大类型之一。易洛魁谷农场是一个影响力投资的经典案例。此外，影响力投资也可以被看作一种方法论，类似于聚焦版的正面筛选过程，只投资解决特定社会或环境问题的企业。一些基金经理将整体配置的一部分保留给影响力投资，以提高公募基金的整体可持续性。

社区投资是指专门针对历史上相对欠发达的个人或社区的影响力投资。社区投资的一个经典例子是社区发展金融机构（Community Development Financial Institutions，简写为 CDFI）。社区发展金融机构往往在低收入社区，为缺乏融资渠道的人提供金融服务和贷款。

两种策略都是投资者以直接方式促进积极变化的方法。通过将投资范围集中到一个特定的问题或地点，投资者的资金有助于产生变革。另一个好处则是，投资者也许有机会看到他们的资金在实际运行中的直接影响力。

公司参与和股东行动

参与是利用股东的权力来影响公司行为。它有多种形式，但其基础在于投资者作为股东是公司的实际所有者。因此，股东对公司具有影响力。上市公司的所有权通常分散在数以千计的股东中，其中很少有股东持有公司百分之几的股份。投资者和投资经理可以通过组建和加入联盟来扩大他们的影响力。其中一些联盟专注于在公司层面的直接参与，而其他联盟则致力于推动监管变革或披露的标准化。

联盟的一个例子是气候行动100（Climate Action 100），该投资者倡议旨在引导世界上最大的企业温室气体排放者对气候变化采取行动。545位投资者，管理着52万亿美元的集体资产，参与了这个倡议。该联盟的规模和广度使上市公司很难忽视它们的要求。

积极的股东参与对许多可持续投资者来说是很重要的。他们希望他们的基金管理人能够利用他们的声音和投票来推动积极的变化。响应市场需求，公司参与和股东行动已经是许多ESG投资、SRI和影响力投资采用的方法。

总结

在这一章中，我们概述了投资者在构建可持续投资组合时最常使用的7种方法。在第三章中，我们将看看是谁在以这些方式进行投资。

根据 GSIA 的数据，在 2020 年年初，全球可持续投资的规模约为 35.3 万亿美元。[1] 为可持续发展投资的群体是庞大而多样的，从早期的先驱者到今天在业界前沿工作的投资者，他们根据自己的身份和投资对象制定了不同的策略和方法。在这一章中，我们将分别探讨以下类型的投资者：

1. 主权财富基金。
2. 养老基金。
3. 学院和大学捐赠基金。
4. 基于信仰的投资者。
5. 家族办公室和基金会。
6. 财务顾问和财富管理公司。
7. 个人投资者。
8. 资产管理机构。
9. 投资者联盟。

主权财富基金

主权财富基金(SWF)管理着国家政府的盈余资产。它们不是中央银行的资产,中央银行是用来提供流动性或保障货币稳定的。与中央银行不同,主权财富基金是国家已经开发的资产(如石油等自然资源)和货币化的资产,它们计划依靠这些资产来满足其公民的未来需求。因此,这些基金有长期的投资前景和成千上万的受益人。

2017年,阿布扎比酋长国、科威特、新西兰、挪威、沙特阿拉伯和卡塔尔组成了 One Planet SWF 工作组。该小组围绕三个原则创建了一个ESG框架:标齐、所有权和整合。这些原则重点关注气候变化对投资组合的风险——鉴于所有成员都是从石油和天然气中获得大量财富的国家(新西兰可能除外),这一点非常重要。

原则1:标齐。将气候变化因素纳入决策考量。

原则2:所有权。鼓励公司解决实质性的气候变化问题。

原则3:整合。将对气候变化风险和机遇的考虑纳入投资管理,以提高长期投资组合的弹性。[2]

全球最大的主权财富基金——挪威政府全球养老基金(GPFG),成立于1990年,负责管理挪威从北海开采的石油收入。该基金拥有超过1.1万亿美元的资产(截至2022年年初),规模庞大,持有73个国家的9 000多只股票,拥有全球所有公共股票的1%以上。挪威财政部对这些资产负责,并指定挪威银行投资管理公司为基金管理人。

GPFG 也是可持续投资的领导者。2004年，挪威议会通过了 GPFG 的道德准则，该准则明确禁止会使基金面临系统性侵犯人权、严重破坏环境和严重腐败风险的投资。现在，GPFG 还避免投资于某些武器生产经销商、烟草公司或 30% 以上的收入来自动力煤的公司。2019年3月，GPFG 宣布计划出售大部分石油和天然气的持股。此外，GPFG 还为社会影响力投资基金保留了 3% 的投资组合配置比例。

养老基金

养老基金（或养老金计划）是指由雇主出资的退休金计划，在雇员退休期间或终止雇佣时提供收入。传统上，这些资产是由雇主在固定福利计划中集体管理的——之所以称为固定福利计划，是因为它将为退休人员提供固定的福利（例如，在他们的余生中提供基本工资的 40%）。大公司的养老基金可以发展得很大——IBM、福特、波音和通用电气都有资产超过 500 亿美元的养老基金。

不过，真正的养老基金"巨无霸"是那些为国家和地方政府雇员管理的养老金。这些养老基金中有几十家的资产超过 1 000 亿美元，其中有许多在投资中考虑了可持续发展。事实上，世界上最大的 15 只养老基金中，有 10 只已经承诺要整合 ESG 原则。日本政府养老金投资基金（GPIF）是世界上最大的养老基金，拥有超过 1.5 万亿美元的资产，在亚洲处于领先地位。其 ESG 方法的重点是管理和管理外部性。

火指向行政部门，它们被夹在学生和校友中间，对信托人和投资委员会做出何种决定的影响往往有限。从数以百计的高等教育机构承诺撤资可以看出350.org的成功，当人们考虑到这些机构的许多校友是化石燃料行业的领导者时，就更会感到惊讶了。也许是因为利益相关者的不同利益，为可持续投资的捐赠基金更多采用ESG投资策略，而不是SRI或影响力投资。

耶鲁大学捐赠基金，在其传奇首席投资官——已故的大卫·史文森指导下，为整个投资界树立了榜样。许多投资者效仿其资产配置和多元化的方法。此外，耶鲁大学也是最早正式关注机构投资者道德责任的机构之一。1969年，一小群耶鲁大学的教师和研究生召开了关于机构投资的道德、经济和法律影响的研讨会，这最终促成了1972年出版的《道德投资者：大学与企业责任》一书。[4] 该书就大学在做出投资决定和行使股东权利时如何考虑群体成员的要求（除了经济回报的考虑），提供了指导方针。当耶鲁大学采用这本书的准则时，它成为首个通过放弃被动机构投资者角色来解决问题的大学。

耶鲁大学的新投资方式使其处于南非和苏丹撤资运动的前列，后来又引导它们清仓攻击性武器零售商和私人监狱的股票。2014年，史文森写了一封关于气候变化的信，寄给耶鲁大学捐赠基金雇用的每一位基金经理。在信中，他明确指示基金经理应如何将气候变化纳入其投资组合决策。

> 耶鲁大学要求在代表大学做投资决定时，你需要评估未来投资的温室气体足迹、气候变化导致预期回报的直接损失，以及旨在减少温室气体排放的政策导致预期回报的损

失。简单地说，那些温室气体足迹相对较少的投资，将比那些温室气体足迹相对较多的投资更有优势。[5]

这封信有效迫使耶鲁的所有基金经理开始采用 ESG 投资方法。基金经理开始从污染最严重的化石燃料生产商，即动力煤生产商和焦油砂运营商撤资，并开始主动寻找致力于推动气候解决方案的企业。

基于信仰的投资者

基于信仰的投资者通常被认为是 SRI 的先驱。历史上，有信仰的人一直试图避免公司从他们反对的问题中获利。贵格会成员回避奴隶劳动，穆斯林回避利息收入，天主教徒回避避孕药具。这种筛选方法似乎逐渐成为 SRI 的同义词。然而，宗教界在投资中所做的不仅仅是排除一些公司。

1971 年，保罗·诺伊豪泽（Paul Neuhauser），一位律师和圣公会成员，起草了第一个以社会为主题的宗教股东提案，并提交给通用汽车。该提案要求通用汽车公司从南非撤回其业务，直到种族隔离制度被废除。这促成了泛宗教企业责任中心（ICCR）的成立和股东倡导运动。ICCR 由 64 个基于信仰的成员组成，包括天主教、长老会、卫理公会和一神论组织。它还有 100 多个成员，虽然不是以信仰为基础，但也加入了 ICCR，与公司进行积极的股东互动。值得注意的是，ICCR 支持的许多问题不一定是宗教问题（如气候变化、健康和人权）。

2015年6月,天主教教皇方济各发表了他的第二部通谕《赞美你》,副标题是"关爱我们的共同家园"[6],教皇写道,对短期经济利益的追求如何加剧气候变化、浪费、生物多样性丧失和贫困。教皇通过这一强有力的出版物有效地宣布,基于信仰的 SRI 投资者和 ESG 投资者在许多议题上有共同的目标。

家族办公室和基金会

富裕的家族通常会成立一个家族办公室,为其资产管理担任投资顾问。家族办公室也可能会成立一个基金会来指导他们的慈善工作并降低税负。与前面许多类别的投资者不同,家族办公室或家族基金会通常不受其他利益相关者的约束。他们可以用自己的钱做自己想做的事,他们可以根据自己的需要选择投资于低回报或高回报的资产。这种灵活性使他们能够追求可持续投资,并更加强调通过影响力投资和慈善事业解决他们关心的社会和环境问题。

2010 年,比尔·盖茨和沃伦·巴菲特发起了"捐赠承诺"——极度富有的签署者承诺将其一半以上的资金用于慈善和公益事业。现在该承诺在全球有超过 220 个签署者,资产超过 1 万亿美元。这一承诺建立在美国慈善家的悠久传统之上,如卡内基、福特、洛克菲勒、凯洛格和斯坦福家族。

一些最富有的家族拥有规模巨大的基金会,它们对其慈善事业产生了重大影响。比尔及梅琳达·盖茨基金会自成立以来已拨款超过 500 亿美元,主要用于改善健康和教育以及消除贫困。虽然它们消除疟疾的目标尚未实现，但它们已经帮助预防了15亿个病例，拯救了760万条生命。[7]迈克尔·布隆伯格的基金会已经资助了一系列重要的气候组织，包括"Beyond Carbon"倡议，通过建筑和交通电气化以及在电力生产中取代煤炭和天然气，使美国走上100%清洁电力的道路。

根据法律规定，基金会每年要捐出其资产的5%，其余95%的资产仍留在基金会中，进行投资增值。有的家族已经开始根据影响力投资原则投资他们的基金会资产，以使他们的投资与家庭的使命宣言相一致。基金会资产在某些方面是创造影响力的完美工具。因为这些资产已经被捐赠，家庭并不依赖它们来承担未来的责任。因此，他们可以选择投资于高风险的项目，如投机性的可再生能源技术。他们也可以选择向银行提供资金，为穷人提供小额贷款，并接受低预期回报。基金会在风险回报方面的灵活性，为其扩大影响提供了丰富的机会。

财务顾问和财富管理公司

财务顾问和财富管理公司在采取可持续投资方面一直相对比较缓慢。他们的不情愿有很多原因，有些是合理的，有些则不是。通常情况下，顾问希望在将资产投入投资策略之前，看到其多年的强劲财务表现。由于20世纪80年代和90年代的许多传统SRI基金表现不佳，很少有顾问接受这种形式的投资。当产生类似市场回报的ESG基金在21世纪第二个10年出现时，市面上的相关产品也较为有限，而且通常只在大盘股资产类别中。

几十年来，提供可持续投资的顾问数量缓慢而稳定地增长，主要是通过口耳相传和社区建设。1988 年，First Affirmative 成立，它是一个全国性的金融顾问网络，专门从事 SRI，帮助客户建立符合他们价值观和财务目标的投资组合。1990 年，First Affirmative 召开了 SRI 会议，该会议成为最早的此类聚会之一，旨在将具有社会责任感的投资者和资产管理人聚集在一起，其共同目标是以更积极、健康和变革的方式引导资本流动。到 2019 年，这个由独立顾问组成的小规模团体已经有了很大的发展，有超过 1 000 人参加了当年的会议。

最近，大型财富管理公司利用其丰富的资源和规模，迅速进入可持续投资领域。瑞银是世界上最大的财富管理公司之一，在全球拥有近 10 000 名顾问。2020 年，它成为第一个将可持续投资作为所有私人客户首选解决方案的全球主要金融机构。到 2020 年年底，它的核心可持续投资已经达到 7 930 亿美元，占瑞银所有客户投资资产的 19%。[8]

个人投资者

根据调查，个人投资者对可持续投资表现出浓厚的兴趣（见图 3.1）。摩根士丹利的可持续投资研究所一直在跟踪这一方向，这类需求在已经相当大的基础上似乎仍在不断增加。

不过直到最近几年，找到可持续投资产品对个人投资者才逐渐变得容易。此前市场上只有少量的 SRI 基金，要找到符合个人价值观的基金是很困难的。最近，各类资产类别的 ESG 开放

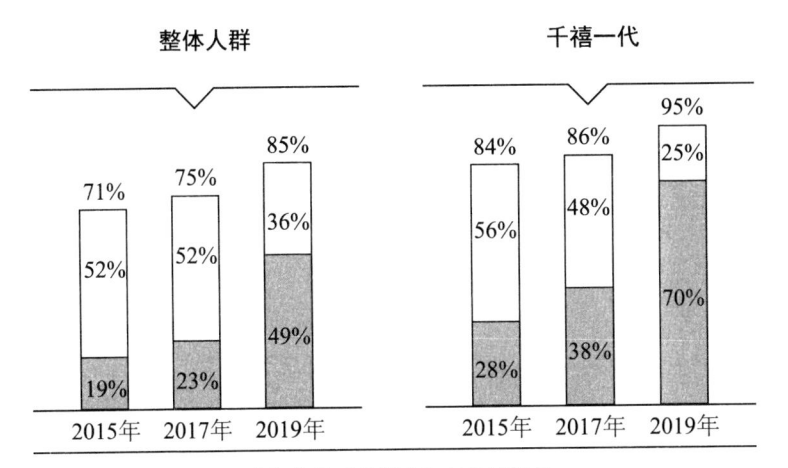

```
        整体人群                           千禧一代
                                                      95%
                                                      25%
                         85%           84%    86%
          71%    75%     36%           
                                       56%    48%
                 52%                                  70%
          52%            49%
                                               38%
                 23%                   28%
          19%
         2015年  2017年  2019年        2015年  2017年  2019年
```

☐ 非常感兴趣 ☐ 有点感兴趣

图3.1 个人投资者对可持续投资的兴趣

资料来源：Sustainable Signals: Growth and Opportunity in Asset Management, Morgan Stanley, 2019。

式基金和 ETF 才有了多样化的选择。专业的财务顾问也需要上课来学习如何进行可持续投资，以及如何用 ESG 研究来选择投资产品。值得庆幸的是，随着 ESG 基金的激增，这两者都已经出现了。仍然不愿意提供可持续投资的顾问，可能没有意识到他们可以获得的新资源。也有可能许多顾问低估了他们的客户中对可持续投资感兴趣的人数（我们将在下一节讨论这个问题）。然而，影响力投资在过去和现在对大多数人来说都很难做到，因为需要很高的最低限额和额外的尽职调查。

幸运的是，这些挑战中的一些已经被 ESG 投资产品的爆炸式增长所缓解。仅在 2020 年，美国就推出了 70 只强调可持续投资的基金和 ETF。[9] 现在，美国投资者可以从 400 多只 ESG 基金和 ETF 中选择，这些基金和 ETF 涉及大多数资产类别，有主动的，也有被动的，对可持续发展的倾向度有很低的，也有很高的，甚至还有一些主题基金，允许投资者表达他们对社会公正、气候变化和生物多样性等问题的偏好。对于希望投资组合适应其特定个人价值观的 SRI 投资者，这也是比较容易的。专户的最低账户规模已从数百万美元降至数万美元。

然而，从另一种意义上说，这个挑战变得更加棘手。正如我们在第一章中所讨论的，投资产品提供者没有使用一种共同的语言来描述其产品。这使得我们很难确定什么是什么。使这个问题更加复杂的是，许多最初的 SRI 基金，甚至现在的许多传统基金，都把它们的投资过程重新塑造或重新定性为 ESG。幸运的是，投资者和顾问也有更多的研究工具可供使用。例如，MSCI 和晨星都发布了免费的 ESG 数据和对开放式基金和 ETF 的评级。我们将在第八章更详细地研究这些工具。

资产管理机构

资产管理机构将之前所有类别的投资者都视为其客户。事实上，世界上前 25 家资产管理公司中的每一家现在都提供 ESG 产品。例如，世界上最大的资产管理公司贝莱德，管理着超过 7 万亿美元的资产。它在股票、固定收益、房地产和另类资产类别中提供了大量的可持续投资选择。它包含 ESG 基金和 ETF、主题基金和影响力投资基金。在 10 个最大的 ESG ETF 中，贝莱德管理着 7 个。显然，该公司致力于提供系列的可持续投资产品。

作为最大的资产管理公司，贝莱德受到了更多的审视。许多活动家式的投资者质疑其对可持续投资的承诺。他们认为贝莱德可以利用其重量级的地位来更多地影响上市公司。鉴于贝莱德是许多上市公司的最大股东，通常拥有数个百分点的股份，他们认为贝莱德应该发声并进行股东投票来改变现状。

自 2012 年以来，贝莱德首席执行官拉里·芬克（Larry Fink）每年都会行使其股东权利，向其投资的所有上市公司发表一封公开信。2018 年，他鼓励所有公司阐明其宗旨，以及如何使所有利益相关者受益，而不仅仅是股东。在 2020 年，他写道："气候风险就是投资风险。"[10] 而在 2021 年，他呼吁公司为过渡到净零排放做准备。[11]

然而，贝莱德的历史投票记录则不太令人信服。从 2015 年到 2019 年，它对 1 033 个与 ESG 相关的决议进行了投票，只对其中的 3% 投了赞成票，而其他资产管理公司，如太平洋投资管理公司（PIMCO）、AQR 资本管理公司和 Nuveen，则支持了 60% 以上的决议。[12]

投资者联盟

许多可持续投资者都希望让公司对人类和地球采取更负责任的行为。对一些人来说，这是首要目标，他们利用自己作为股东的声音和投票权，通过参与促进变革。而公司更有可能被更多的股东所左右，所以许多投资者已经形成联盟，以扩大他们的影响力。表 3.1 展示了一些大型联盟。

第四章
为什么要进行可持续投资

许多调查显示，今天的大多数投资者都对可持续投资感兴趣。例如，摩根士丹利的 2019 年个人投资者年度调查发现，超过 75% 的投资者表示偏好可持续投资策略，超过 90% 的千禧一代表示对其很感兴趣。[1] 在美国，流入 ESG 开放式基金和 ETF 的资金在 2019 年翻了一番，并在 2020 年再次翻番。在确定了今天的投资者对可持续投资兴趣浓厚后，我们现在要分析由此引出的问题：

- 为什么他们如此热衷于可持续投资？
- 他们希望达到什么目的？

可持续投资的三重回报：财务、社会和个人

投资的目标是赚取与你的投入所承担的风险相称的回报。对于许多传统的投资者，仅仅是金钱就足以激励他们，而可持续

投资者则在寻找财务以外的回报来源。可持续投资者希望通过改善人类和地球的关系来实现社会回报，从而带来一个更好的世界。此外，许多可持续投资者希望在投资中收获更佳的情绪体验，寻求更"善良"的资本使用方式。

虽然一些投资者可能认为，投资只是为了获得最大的财务回报——其他的考虑都是非理性的——但这实际上并不是大部分投资者的行为方式。行为金融学权威专家迈尔·斯塔特曼（Meir Statman）在其《行为金融学通识》一书开篇举了以下例子：他假设一个男人正在纠结是用 10 美元给他的爱人买一朵玫瑰，还是直接给她 10 美元。[2] 毕竟，一朵玫瑰几乎没有任何功利性的好处——她不能吃它、保存它，或用它换钱。但是，玫瑰作为礼物意味着的远比 10 美元多。它有表达上的好处，它向他的爱人发出了一个明确的信号。它还有情感上的好处，它能产生温暖的感觉。斯塔特曼指出，正常人都明白这一点。正常人不仅考虑一个决定的功利性的利益，而且还考虑表达性和情感性的利益。

当你买车时，你会考虑功利性的利益，如汽油里程。然而，你很可能也会考虑该车的表达性的利益，例如驾驶这辆车能暗示你是什么样的人。你可能也会考虑这辆车给你的感觉。

另一个例子是，如果你正在考虑翻新你的厨房，你可能会评估这项投资将如何增加你的房子的价值。然而，你也会考虑到你会更喜欢你的新厨房，它有多诱人，以及你的家人和客人会有什么感觉。

我们的许多决定都是如此，包括投资。对于投资，功利性的利益是你的财务回报。然而，也可以有一系列表达性和情感性的利益。投资有太多类似的利益，我们无法在此列出一个详尽的清单（而且每个人都是不同的），我们这里讨论可持续投资者的一些常见动机。

可持续投资的财务回报

许多投资者，无论是个人还是机构，或许仍然对可持续投资的财务回报感到困惑。资产管理行业为了销售更多的产品，经常声称可持续投资有更低的风险，或更高的回报，或兼而有之，还可以使你的投资与你的价值观相一致，同时拯救地球。我们听过这些美好的承诺，但这些说法仍需仔细分析。正如你将在第六章中了解到的，我们将回顾系列学术研究的结果，不难发现可持续投资基金表现不佳的例子，甚至也不难发现表现出色的罪恶股票（如烟草公司）；但同时，我们也能发现可持续投资基金的卓越之处。

事实上，你在投资时往往需要做出选择，因为你采用的可持续投资类型对你的风险和回报都有不同的影响。选择影响力投资、SRI 或 ESG 投资，也许有不一样的表现。

影响力投资的财务回报

按照定义，影响力投资就是将你的资金投入私募股权或私募债权，甚至是单个项目中。私人市场有时像狂野的美国西部——任何事情都可能发生。影响力投资的财务回报可能是极端的。损失 100% 的资本，或赚取 10 倍的投资收益，都是可能的，而且要花不少的时间才能知道是哪种情况，因为许多投资有很长的封闭期，通常在 5~10 年。在封闭期内，你可能无法使用你的资发展的影响。如果把钱投资于可持续投资基金，会发生什么？世界会变得更好吗？上市公司是否能接收到投资者的期望，是否会做出回应？这些问题是关于社会回报的。与财务回报相比，这些问题的答案可能并不明确。在交易日结束时，你可以计算你的钱——某个数字被公布为基金净值回报。另一方面，社会回报（如更清洁的空气、更健康的身体、更快乐的员工）衡量起来并不容易，而且可能更难确定它应该归因于谁或什么。在许多情况下，我们无法直接将投资和结果之间的因果关系联系起来。我们将在本书第七章深入研究这个问题，探讨可持续投资者如何改变世界。在本章中，我们描述可持续投资者所采用的影响杠杆——他们的投资选择如何引导上市公司和整个资本市场及社会向更好的方向发展。

许多具有可持续发展意识的人选择更环保的产品、生态友好的替代品、有机食品或公平贸易产品，因为他们相信这样做会使世界变得更美好。对于消费类产品，其逻辑是简单明了的。越多的人购买可持续的替代品，供应商就会有更多的利润，因此逐步替代可持续程度较低的产品。这是供应和需求的法则。这在投资方面又是如何运作的呢？

与消费品不同的是，如果你不买股票，它不会仅仅停留在库存中。通过避免投资一家公司的股票，你并没有阻止资本流向该公司，因为该股票已经被其他投资者所拥有（我们将在第六章中详细探讨这种影响）。话虽如此，当可持续投资者购买 ESG 基金或 SRI 基金时，他们就表明了对可持续发展的需求，并向市场发出了一个信号，即他们想要更多。这会带来许多下游的影响，包括：

- 建设可持续投资的能力。
- 改变投资者的需求。
- 支持股东积极参与公司事务。

通过这些行动，可持续投资者正在影响资本市场和社会经济的发展。在第七章，我们将探讨可持续投资者如何迫使公司改变行为。现在，我们将展示可持续投资的趋势如何使资产管理行业做出应对。

建设可持续投资的能力

投资于可持续投资基金而非传统基金，就像购买任何绿色产品一样——供应和需求的法则也在这里适用。可持续投资者向市场发出信号，表明对可持续投资产品有需求。当更多的投资者发出他们有意进行可持续投资的信号时，基金公司就会在这个领域推出更多的产品，使进一步的投资变得更加容易。通过他们的行动，可持续投资者成为市场的催化剂，引导其他人也这样做。竞争导致成本降低，又创造了更多的需求——良性循环正是这样形成的。

虽然可持续投资正在迅速发展，但它仍处于早期阶段。当你向你的财务顾问要求可持续投资解决方案时，他们一开始可能会对你说不，或对下一个人说不，但如果数个客户都这么要求，他们会认识到他们需要创建解决方案。当你询问你的银行、经纪公司、托管平台、养老基金或你投资的任何地方时，同样的效应就会发生。你都在发出信号并成为市场的催化剂。

在美国，可持续投资者有时要支付更多的管理费。这些费用最终用于支付研究、数据和系统的费用，以选择更具可持续性的好公司。这已经成为一项大生意。ESG研究主要由非营利组织、学术界和小型智囊团完成的时代已经过去了。最大的市场研究公司，包括MSCI、晨星、彭博、路透和标普，已经收购了许多早期进入者。它们也发展了自己内部的能力。越来越多的投资管理公司购买此类研究，这为进一步发展提供了资金，随着数据质量越来越优秀，最终形成了一个良性循环。今天，投资者比以往任何时候都更容易对公司的可持续表现进行区分。这对公司有着重要影响。

改变投资者的需求

资本主义的掠夺性和贪婪性已经带来了很多影响。在其最坏的情况下，我们选择的经济体系确实产生了一些糟糕的结果。当企业被发现破坏环境、虐待工人或生产不安全的产品时，有时它们辩解称自己是为了利润。它们不得不这样做，因为市场需求越来越大，而且它们经常要求企业提供利润，要求企业每个季度都要报告其财务结果。

但谁是市场？谁在以这种方式要求利润？是华尔街吗？那些为美国大投资银行工作的分析师，在季度财报电话会议上对公司进行询问，审查每一分钱的流进和流出。如果一家公司未能提供良好的数字，或者分析师不喜欢这些结果，他们就会卖出或发出负面评级使其他投资者卖出。股价将受到影响，管理层将受到惩罚。如果你问分析师为什么如此苛刻，他们会说这是因为他们在保护客户的资本。那谁是他们的客户？他们是管理数万亿美元的养老基金和共同基金的基金经理。他们在为谁管理这些资产？是你和我——无论这些钱是在你或山姆的企业年金或是在拉里的个人养老金中,这都是我们的钱。

意识到我们所有人就是这个所谓的市场——这个推动公司以牟利的名义做各种事情(无论好坏)的市场,不免有点令人震惊。难道是我们要求英国石油公司在海上油井的安检上偷工减料,以便它们能够节省几美元以实现其季度盈利目标?不难理解,走这样的捷径可能带来深海浩劫,事实证明这酿成了有史以来最大的漏油事件,令英国石油公司遭到了创纪录的650亿美元的罚款。也没有投资者要求大众汽车在排放测试中作弊,以便它们能够成为世界最大的汽车公司之一。因为我们不难预见,如果作弊被发现,它们的股价可能会大幅下跌(审查公告一经发布,大众汽车的股价当天下跌了25%)。

虽然没有传递这些信息(至少没有直接表明),但许多投资者可能无意中向基金经理传递了一个信息,即在短期内不惜一切代价实现利润最大化。通过沉默,他们无异议地接受了这种资本主义模式。如今,越来越多的投资者希望传递一些不同的信号:他们重视可持续发展;他们希望自己的基金经理考虑所有的成本,包括对人类和地球的成本,也更希望上市公司能专注于长期的价值建设。

正如你将在本书第七章中了解到的,随着越来越多的投资者呼吁可持续发展,越来越多的资产管理公司和越来越多的上市公司正在做出回应。这就是资本市场和社会经济的演变过程。通过成为一名可持续投资者,你加入了不断壮大的、呼唤更强可持续性的投资者行列。现在有多少投资者在发出这些声音?据估计,目前在美国所有资产管理公司中,有33%考虑了可持续性标准。在欧洲，这一比例为 50%。资产管理公司和上市公司都注意到了这些。

支持股东积极参与公司事务

  上市公司注意到了这些趋势，因为它们现在正被投资界问及可持续性问题。许多可持续投资者希望他们的基金管理人能与他们所投资的公司进行接触。参与有多种形式，但其核心是投资者努力鼓励公司在可持续发展方面有更好的表现。

  大多数上市公司都有一个投资者关系部门。它们的大部分工作是向市场提供财务报告，如资产负债表和利润表，并解释这个或那个脚注的含义。它们准备季度报告，安排时间通电话，让公司高管向分析师和投资经理解释结果。它们的工作是尽可能以最有利的方式介绍公司，使其对投资者更有吸引力。从历史上看，这个部门都是在做财务相关的事情。但是最近，基金经理和投资经理开始询问："除了利润，贵公司还为人类和地球做什么？"可持续投资经理从询问开始，也在使用几种方法来鼓励公司做得更好。这些努力通常开始时是友好的，后续变得更具压力。按投入度从低到高排序，这些方法包括：

- 发函致信。
- 代理投票。
- 与公司代表会面。
- 小组对话。
- 签名信。
- 与董事会或首席执行官会面。

- 提出一个股东决议。
- 簿记和记录要求。
- 投反对票,反对董事连任。
- 竞选董事会候选人。
- 诉讼。

大多数公司不希望发生诉讼。大多数董事会成员更愿意保留他们的职位。而且,处理股东决议对上市公司来说是相当费力的。如果投资者的要求是合理的,大多数公司宁愿默许,也不愿意与之斗争到底——尤其是当许多同行已经开始做投资者要求的事情时。当数以千计的上市公司已经开始报告温室气体排放时,它们很难再声称自己没有能力报告这一数据。

可持续投资的个人回报

对投资者行为的研究发现,投资是一种情绪努力。盈利可以欣喜若狂,而亏损则会产生恐慌。遗憾的是,这些情绪往往导致我们在错误的时间交易错误的股票。受时间偏差的影响,我们容易买入赢家,卖出输家,在市场上涨后买入,在市场下跌后卖出。追涨杀跌并不是投资成功的秘诀,然而这正是许多投资者所做的。这就是为什么我们可能要花大力气来控制投资的情绪。因此,我们可能聘请财务顾问来掌控我们的方向,我们可能使用指数基金来最大限度地分散投资,我们研究市场历史以学习过去的经验。尽管这很有效,但这很像节食的效果。正如《反直觉投资》一书的作者迈克尔·莫布森(Michael Mauboussin)所说:

"高质量的投资理念就像一个好的饮食习惯,只有在长期合理的情况下坚持下去,它才会有效。"[3]

一些宏大的趋势实际上增加了投资的情绪成分。我们中的许多人正在更加关注自己的投资。当我们这样做的时候,我们已经越来越意识到我们资本的去向,以及它在做什么。

- 我们的财务资本在我们的生活中正变得越来越重要。退休后的时间比以前更长,大学教育比以前更昂贵。投资对我们的未来至关重要,所以我们更加关注它。
- 我们资本所托的对象已经改变了。我们的父母可能能够依靠退休金或社会保障。而今天,美国人的社会保险〔401(k)计划〕和个人养老金(IRA)是自己的责任。父母可能更加信任股票经纪人来选择一些股票,而我们的财务顾问可能倾向持有数千家公司的指数基金。
- 公司在社会中的角色正在发生变化。不惜一切代价实现利润最大化已不再被接受。我们中的许多人希望公司也能关心人类和地球。

意识的提高导致许多人希望自己的资本被更加用心地对待。数以百万计的人为了可持续发展而投资,他们这样做可能有同样多的个人原因。每个人对所寻求的个人回报都有自己的定义。我们列出了一些共同的部分,围绕着人们为什么要把他们的资本转向可持续投资。你的动机是什么?其中是否有使你产生共鸣的?

- 知行合一，使你的投资与价值观相符。
- 用钱投票，投你所好。
- 成为解决方案的一部分。
- 让世界比你来时更好。

知行合一，使你的投资与价值观相符

可持续投资往往想要知行合一，使你的投资与价值观相符。在最宽泛的语境下，它意味着你的钱是根据你的信仰和愿望来使用的，你支持公司做你认可的事情，拒绝投资于那些你不认可的公司。投资者如何使他们的钱与他们的价值观保持一致？让我们看看影响力投资、SRI 和 ESG 投资中的一些例子。

一些职业运动员在成功后，希望能改善他们成长的贫困地区。这些慷慨的人可以通过影响力投资最大化他们的贡献，比如将他们的资金直接投入当地社区，可能是通过建造更多的经济适用房，或资助课后儿童托管项目，他们的资金成为真正的、直接的、有影响力的改变催化剂。

也有一些投资者对某些产品有强烈的反对意见，如酒精或烟草，也许是因为他们的家人罹患酒精中毒或肺癌，也许是他们的宗教信仰回避这些习惯。这些投资者是社会责任投资者。他们可以广泛地投资于公共股票和债券，而只排除违规的公司。有一些共同基金专门为这些投资者服务，有面向穆斯林的基金，有面向天主教徒的基金，有面向长老会成员的基金，还有宣称对彩虹族群（LGBTQ）友好和对素食主义者友好的基金。这些基金可以帮助投资者至少将他们的部分资金与他们的个人关注点结合起来，而不必从头开始逐只股票地建立投资组合。对于 SRI 投资者，主要的挑战是如何找到与其价值观最相近的基金。

还有一些投资者，他们通常想成为解决方案的一部分，而不是问题的一部分。他们可能想把公司、资本市场和社会推向一个更好的方向，或者他们可能关心他们可以为后代留下什么样的世界。这些投资者的投资解决方案可能是 ESG 投资。正如我们前面提到的，由于 ESG 策略通常不是为个人量身定做的，所以这些投资者有更多的选择。他们现在几乎可以在每一个资产类别中选到一只 ESG 基金，所以他们可以将大部分的投资用于可持续投资。

用钱投票，投你所好

丹·埃斯蒂（Dan Esty）是耶鲁大学的教授，出版了几本关于可持续发展的书，他描述了公民如何丰富他们对社会角色的看法。在 20 世纪的大部分时间里，希望变革的公民都集中在他们作为选民的社会角色上。那时，变革的机制是影响政策或政治家。激进主义意味着组织、竞选、给当选官员写信，当然还有投票。

相比之下，今天的公民也从他们作为消费者、储蓄者和投资者的角色中看到了机会。他们不仅在选举日用选票投票，也每天都在用他们的资本和金钱投票。他们已经开始相信，他们花钱、存钱和投资的方式会产生影响。[4]

20 世纪 80 年代末，一些美国大学生在他们的大学校园里建造棚户区，以抗议南非的种族隔离制度。他们希望他们的学校从在那里做生意的公司中撤资。具体来说，他们希望可口可乐公司和其他公司感受到来自投资者的压力，终止在该国的商业活动，直到种族隔离制度结束。这是一种新的政治活动形式，其目的是孤立和否定南非政府，并最终改变政治家。他们使用的工具并不是投票，而是资本主义。它是钱包的力量，而不是政治。金钱在这里是杠杆。最终，这一"用钱投票"的活动成功了。

20世纪90年代，美国的活动家将注意力转向了耐克公司，因为它当时在亚洲使用血汗工厂的劳动力，甚至使用童工。耐克公司最初的回应——"这不是我们的问题，因为我们不拥有这些工厂"——受到了广泛的批评，并导致消费者的抵制。最终，耐克公司以及整个服装和鞋类行业制定了供应链标准和监督协议以确保合规。再次，"用钱投票"成功了。

今天，我们可以选择有机产品、公平贸易咖啡，以及符合道德标准的服装面料来源和缝制方法。在许多情况下，这些产品并没有明显的优势，但它们的价格更高一些。纽约大学斯特恩商学院每年都会发布一份关于可持续品牌增长的研究报告。从2013年到2018年，在营销中强调可持续性的产品增长速度是传统产品的7倍。[5]

成为解决方案的一部分

环保团体明确表示，我们应该少开车、少坐飞机、少吃红肉、停止使用塑料等，尽管这可能让人感到痛苦。由此传达的信息是，我们的生活可能是问题的一部分。一遍又一遍听到这样的话并不令人愉快。因此，我们学会回收旧物，并将自己可重复使用的环保袋带到商店；我们开始自带水杯和咖啡杯；我们选择骑自行车或乘坐公共交通工具；我们购买有机和可持续产品——我们希望成为解决方案的一部分，而不愿成为问题的一部分。

在不太困难的情况下，我们很多人都会选择可持续的方案。

没有多少人可以完全停止驾车。然而，电动汽车现在在价格和性能上都能与汽油汽车竞争。其结果是，越来越多的人正在进行转变。同样的情况也发生在可持续投资方面。随着更多价格更低、性能更好的产品的出现，越来越多的投资者正在做出可持续的选择。他们喜欢知道他们的钱是解决方案的一部分，而不是问题的一部分。

让世界比你来时更好

自工业革命以来，人类文明的进步速度出现了快速增长。无论你用更高的国内生产总值（GDP）、更长的寿命、更好的健康、更高的文化水平或更多的财富来衡量成功，人类都从资本主义中获得了很多好处。当然，进步并不是一条直线，也有过黑暗时期。不过，在过去的200年里，人们普遍认为下一代会有很多值得期待的事情。

这也许就是为什么人们意识到这个期望或许不再兑现时，会如此震惊。特别是气候变化的威胁，使人们对光明未来的想法产生了怀疑。一些科学研究表明，我们有可能进入一个更黑暗的明天。我们听到和读到的预测越来越可怕，也总是伴随着一个重要的警告——人类实在自作自受。当我们离开时的世界，可能将比我们来到时更糟糕。然而，与这个警告并行的忠告是：我们仍然可以改变方向，以缓解最坏的情况。

最常被引用的可持续发展的定义来自《1987年布伦特兰报告》："在不损害后代人满足其需求能力的情况下，满足当代人的需求发展。"[6]它具有深刻的激励作用。汤姆·斯泰尔（Tom Steyer），这位亿万富翁、知名对冲基金经理变成了政治活动家。

当别人问他为何致力于对抗气候变化时，他的回答是："因为我有孩子，而且我识字。"

总结

在这一章中，我们探讨了可持续投资者的动机是什么。可持续投资者寻求三种类型的回报。他们想要财务回报，就像传统投资者一样。他们寻求社会回报，通过积极的变化或影响来衡量。他们也想要个人回报，包括他们把钱用在好事上所获得的一系列情感回报。

解决方案的一部分

　　山姆在富国银行工作了20多年，总体上他是满意的。2016年，有消息称，富国银行的员工开设了150万个假银行账户，还有50万个假信用卡账户，以达到他们的经理为他们设定的销售目标。山姆对此不太高兴，但他认为自己并没有直接受到影响，所以他什么也没做。2017年，他了解到实际上是350万个假账户，银行领导层解雇了5 300名开设这些账户的员工，而不是为他们自己设定的无法实现的销售目标负责。这让山姆感到很不舒服。每次他走进银行，他都想知道员工承受着怎样的压力，他们会有什么东西要向他推销。每次他看到自动取款机，他都感到很难过，因为他是客户，对银行的恶劣行为有贡献。最后他觉得太过分了，于是关闭了他的账户，把钱转移到当地的一个信用社。现在他不再觉得自己是问题的一部分。当他经过自动取款机或银行时，他会得到一点鼓舞。他的钱并没有支持更多的丑恶现象，相反正在帮助他的信用社向当地社区提供贷款，他现在觉得自己更像解决方案的一部分，在为世界做贡献。

第五章
ESG投资的演变

投资者采用负面筛选法来剔除有问题的公司，同时采用正面筛选法来挑选产生积极影响的公司，以鼓励公司做出更多负责任的行为。

然而，可持续投资者缺少了一个关键要素——数据，以提升负责任投资水平，网罗更多公司以及更多资产类别。如果没有一套一致的衡量标准来比较公司，投资者只能以一种不太系统的方式，从他们掌握有限信息的几家公司中做出选择——然而，当你只有关于少数公司的零散信息时，很难在投资组合中应用强有力的投资管理方法。

为了解决这些数据和报告问题，一些组织逐渐出现。第一个是成立于2000年的CDP。2002年，它首次要求企业披露环境足迹，然而只有245家企业做出了回应。此后随着负责任投资的发展和需要，到2020年已有9 600多家公司向CDP报告了该数据。[2]

ESG的诞生

联合国在2004年发布的《环境项目金融倡议报告》中，首次使用了ESG一词，[3]并在这份报告的基础上制定了负责任投资原则：

1. 我们将把ESG问题纳入投资分析和决策过程。
2. 我们将成为积极的所有者，并将ESG问题纳入我们的所有权政策和实践。
3. 我们将寻求被投资实体对ESG相关问题进行合理披露。

4. 我们将推动投资行业广泛采纳并贯彻落实负责任投资原则。
5. 我们将共同努力，提高执行负责任投资原则的效力。
6. 我们将各自报告我们在执行负责任投资原则方面的活动和进展。

截至 2020 年 3 月，负责任投资原则组织共有 3 700 个签署者，资产管理规模合计超过 100 万亿美元。[4] 虽然并不是所有资产目前都以可持续的方式管理，但这些资产管理人已经签署了上述原则。随着如此多投资者的签署，负责任投资的接受度越来越高，从业人员可以获得的工具、技术和数据也越来越多。

ESG 1.0：评级时代

在 ESG 的萌芽时期，并没有多少上市公司披露其环境、社会和治理表现。实际上，许多投资者也没有要求它们提供这类信息。当时主流的模式是只报告法规要求披露的内容，而其要求披露的几乎全部是财务信息。对于那些想要披露更多信息的公司，关于如何披露基本上没有指导框架。同时，投资者不知道从哪里获得信息，也不知道如何比较两家公司。

机构投资者考虑投资公司时，通常会从高盛、摩根士丹利、美林等投资银行和经纪公司购买信息。这些信息在分析师的研报中呈现，通常包括分析师对该股票是买入、持有还是卖出的看法。基于分析师收集的数据、自己的研究、与管理层的交流以及实地调研，股票评级总结了分析师对这只股票的总体印象。

因此，当 ESG 研究公司，如 MSCI 和 Sustainalytics，开始发布关于公司可持续性的信息时，采取了和上文类似的方法也就不足为奇了。它们通常会向每个公司发送一份包含数十个甚至数百个问题的问卷调查，有时还会与管理层交谈和/或实地调研这些公司，以便收集公司的 E、S 和 G 数据。然后，它们会发布一份标题带有评级的总结摘要。评级一般采用字母评级（MSCI 对公司的评级是从 A 到 E）或数字评分（Sustainalytics 的评分范围为 1~100）的形式。这种做法的理念是将一家公司所有 E、S 和 G 数据汇总，形成一个简单、方便、便于投资者使用的整体评级。投资者也确实使用了这些评级。许多早期的 ESG 基金使用这些评级来决定是否将公司纳入其投资组合或从中剔除。它们还以这些评级为基础，发布其基金可持续程度的得分。

直到 2015 年左右，使用评级一直是 ESG 基金选择和构建投资组合的主要形式，这段时间甚至被认为是最佳方法，因为人们觉得 ESG 研究机构拥有最多 ESG 方面的信息。没人能比收集数据的研究人员更能决定哪些公司是可持续的。

ESG 2.0：实质性原则走到台前

随着 ESG 投资越来越受欢迎，投资管理公司推出了更多可持续投资策略基金。没过多久，一些专业投资者就发现了使用评级的一些缺陷。

首先，ESG 研究机构经常在"哪些公司是可持续的"这个问题上产生分歧。一家公司可能会从 MSCI 得到较高的可持续评级，而从 Sustainalytics 得到较低的分数。最初，人们认为这些分歧只是偶有失常。然而，2020 年的一项名为"总体困惑"的研究表明，评级公司只有大约一半的情况能达成一致。[5] 评级的差异给投资者带来了挑战：如果你不知道到底哪些公司更可持续，就很难建立一个更可持续的投资组合。

回想起来，不同公司的评级意见不一致并不足为奇。许多研究公司使用数十种 E、S 和 G 指标来评估公司，这些指标可能在以下几个方面出现分歧：

1. 不同研究公司的衡量标准可能不尽相同。研究人员 A 可能通过计算环境罚款来衡量公司的污染风险，而研究人员 B 则可能通过计算产生的废物吨数。
2. 即使衡量标准是相似的，它们的度量方法也可能不同。研究人员 A 可能会根据公司披露的信息来评估公司的温室气体排放，而研究人员 B 可能会使用模型或估算。
3. 研究人员使用不同的方法来计算他们的评级。研究人员 A 可能会给环境问题分配更高的权重，而研究人员 B 可能会更强调公司治理。

其次，整体评级良好的公司可能会在某方面有严重的缺陷。当大众汽车被发现在柴油尾气排放检测中作弊时，很明显，大众汽车糟糕的公司治理结构可能比平均得分更能说明它的风险状况。

评级方法的缺陷，并不能说是 ESG 研究机构的问题，而是从几十个指标中创建综合评级的固有问题。公司是复杂的组织，将它们对世界和社会的所有影响汇总成一个字母或数字，可能并不是最有效的数据呈现方式。

许多投资者出于自身利益考虑，也关心其资本的财务回报。对他们来说，最重要的 ESG 问题是那些影响公司财务的问题。这就是实质性原则（也称重要性原则）的概念。2010 年，哈佛大学负责任投资倡议组织发布了《从透明度到绩效：基于行业的可持续发展报告的关键问题》，呼吁将最大限度信息披露的目标聚焦于实质性信息披露。[6]

这份报告和其他类似报告所提到的概念很简单：一些 ESG 议题在某些行业非常重要，而在其他行业则不那么重要。例如，相较银行从业者而言，工作场所的健康和安全对矿工更重要。矿业公司不良的健康和安全记录表明该公司存在重大财务风险。而对一家银行来说，工作场所发生事故进而影响利润的风险要低得多。

很明显，ESG 研究的主流方法需要改变。如果 ESG 研究人员向 5 000 家公司发送相同的调查问卷，整理结果，并给出统一的分数，的确是更简单。但这一过程未能为投资者提供对决策有用的信息。这也给公司带来了巨大的负担，去收集和报告与其业务无关的信息。同时，投资者也不希望公司在无法提供有用信息的报告上花费金钱和人力。

2011 年，可持续发展会计标准委员会（Sustainability Accounting Standards Board，简写为 SASB）成立。SASB 是一个非营利性组织，其使命是标准化可持续发展信息。SASB 制定了一套指导企业向投资者披露重大财务信息的标准。它的目标是以一种对企业具有成本效益和对投资者决策有用的方式，提供可持续发展信息。SASB 做的第一件事是将数百个潜在的可持续发展指标合理化，直至最相关的风险，如图 5.1 所示。在制定其标准时，SASB

在 5 个可持续发展维度下，从 26 个广泛相关的可持续发展问题中确定了相关主题。

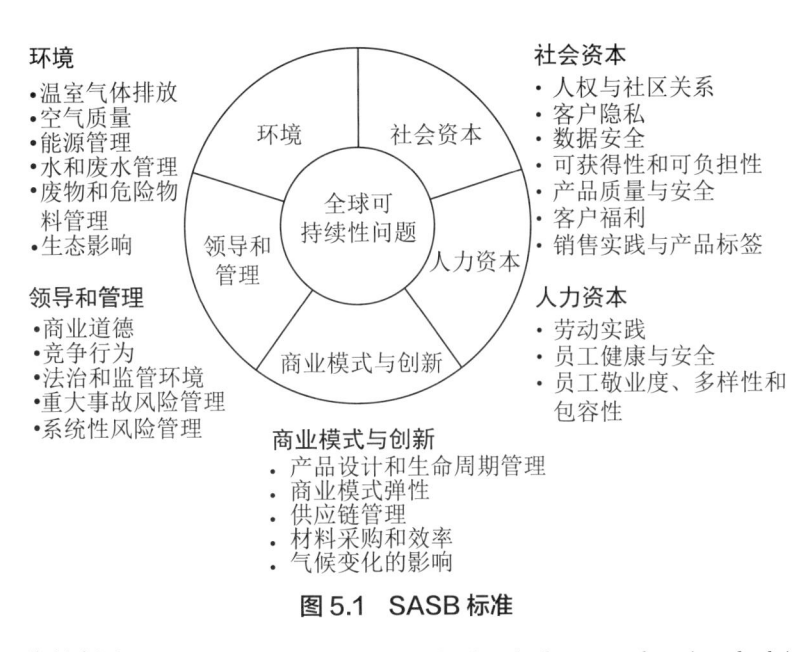

环境
- 温室气体排放
- 空气质量
- 能源管理
- 水和废水管理
- 废物和危险物料管理
- 生态影响

领导和管理
- 商业道德
- 竞争行为
- 法治和监管环境
- 重大事故风险管理
- 系统性风险管理

社会资本
- 人权与社区关系
- 客户隐私
- 数据安全
- 可获得性和可负担性
- 产品质量与安全
- 客户福利
- 销售实践与产品标签

人力资本
- 劳动实践
- 员工健康与安全
- 员工敬业度、多样性和包容性

商业模式与创新
- 产品设计和生命周期管理
- 商业模式弹性
- 供应链管理
- 材料采购和效率
- 气候变化的影响

图 5.1 SASB 标准

资料来源：Value Reporting Foundation, SASB Standards.www.sasb.org/standards/materiality-map/。

财务影响最重大的关键议题一经确定，SASB 就与公司和行业参与者开展详尽咨商，以共同开发更具针对性的实质性议题矩阵，如表 5.1 所示。矩阵背后的核心是认识到不同的行业面临不同的风险，而投资者希望关注的是会影响企业价值的信息。

2021 年 11 月，SASB 被并入国际可持续发展标准委员会（International Sastainability Standards Board，简写为 ISSB）。这次合并汇聚了几家在 ESG 披露方面处于领先地位的组织，ISSB 将创建一套统一的标准，以供 70 多个国家的公司和投资者使用。

表 5.1 SASB 标准

维度	主题类别	消费品	采掘和矿物加工	金融
环境	温室气体排放			
	空气质量			
	能源管理			
	水和废水管理			
	废物和危险物料管理			
	生态影响			
社会资本	人权与社区关系			
	客户隐私			
	数据安全			
	可获得性和可负担性			
	产品质量与安全			
	客户福利			
	销售实践与产品标签			
人力资本	劳动实践			
	员工健康与安全			
	员工敬业度、多样性和包容性			
商业模式与创新	产品设计和生命周期管理			
	商业模式弹性			
	供应链管理			
	材料采购和效率			
	气候变化的影响			
领导和管理	商业道德			
	竞争行为			

续表

维度	主题类别	消费品	采掘和矿物加工	金融
领导和管理	法治和监管环境			
	重大事故风险管理			
	系统性风险管理			

■：该问题可能对该行业 50% 以上的企业有重大影响。
▨：该问题可能对该行业不到 50% 的企业有重大影响。
□：该问题可能不会对该行业的任何企业有重大影响。
资料来源：Value Reporting Foundation, SASB Standards. www.sasb.org/standards/materiality-map/。

如上所述，ISSB、SASB、国际综合报告委员会（IIRC）和其他机构，正在努力帮助改进可持续发展信息披露，其最终目标是让投资者能够信任可持续发展数据，并利用这些数据对公司进行直接比较，从而了解风险和潜在回报的差异。

ESG 3.0：展望未来

1973 年，财务会计准则委员会（FASB）编写公司报告财务状况的标准。在此之前，公司几乎可以以任何它们认为合适的方式报告其收入、支出和利润，这使得投资者很难了解公司相对于同行的实际表现。由于 FASB 和其他会计报告标准，如公认会计原则（GAAP），投资者现在可以更有信心地使用市盈率或其他财务数据。财务报告已经标准化，市场也因此变得更好。

同样，市场参与者也在致力于标准化 ESG 数据披露。我们希望在不久的将来，ESG 数据在质量、一致性和可比性方面能够与财务数据持平。图 5.2 展示了其中一些正在制定 ESG 数据标准的机构主体。

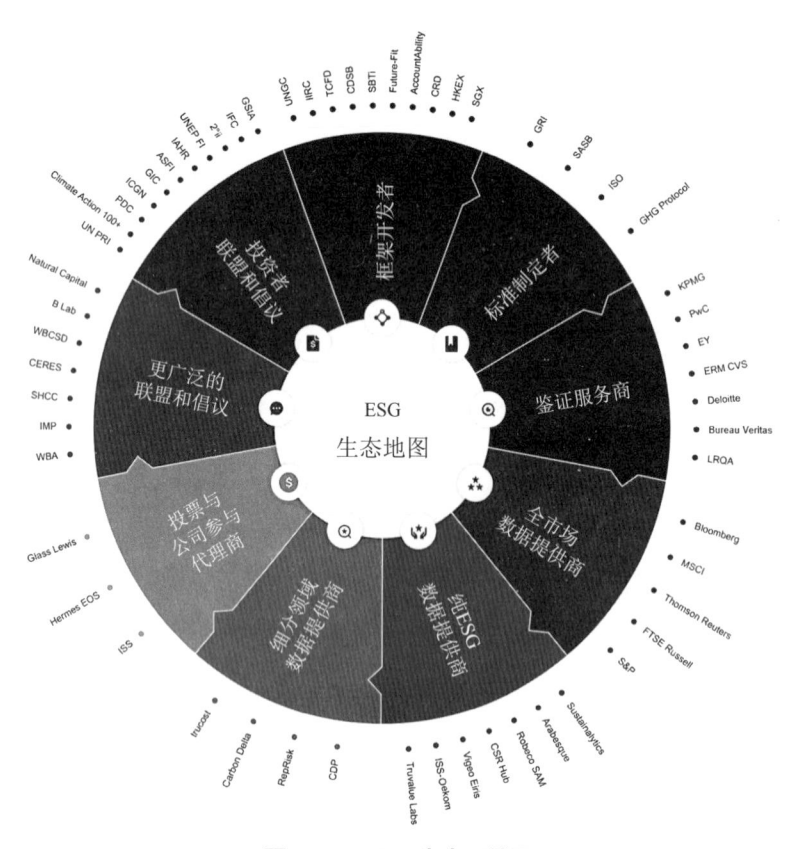

图 5.2　ESG 生态系统图

注：SBTi，指科学碳目标倡议；HKEX，指香港交易及结算所有限公司；SGX，指新加坡股票交易所；ISO，指国际标准化组织；GHG Protocol，指温室气体议定书；KPMG，指毕马威；PwC，指普华永道；EY，指安永；Bereau Veritas，指必维国际检验集团；LRQA，指劳盛；Hermes EOS，指爱马仕投资管理公司 EOS 部门；WBCSD，指世界可持续工商理事会；IAHR，指国际水利与环境工程学会；IFC，指国际金融公司。

资料来源：World Economic Forum ESG Ecosystem Map. https：//widgets.weforum.org/esgecosystemmap/index.html#/。

投资者期待着所有公司像披露财务表现一样披露ESG表现。与此同时，投资者正在考虑从其他渠道核实公司信息。由于公司通常有动机采用尽可能好的方式报告业绩，那么获得二手意见往往也有启发。越来越多的信息来自公司外部，让我们来看一些例子吧。

如果投资者想要知道一家公司对待员工的好坏，他们可以通过员工留任统计数据、劳资纠纷数量甚至缺勤率来了解，也可以查看公司的员工调查。除此之外，现在他们可以访问公开网站Glassdoor，来查看真实的员工评价。

石油和天然气公司应该报告它们向大气中泄漏了多少甲烷。不久之前，投资者只能相信能源公司提供的数据。一些研究人员会人工抽查某些地点，不足为奇的是，常常会发现与披露数据有差异。研究人员不可能捕捉到每一次泄漏，也难以追究公司的责任。然而，现在卫星可以从太空探测到甲烷，公司再也无法隐瞒了。同时投资者可以实时获得数据，而不必等到会计报告期末。

过去，ESG数据曾被称为外部性数据，因为这些信息没有被纳入股票价格。过去的市场无法将这一信息考虑在内，将其视为外部信息。同时，它缺乏足够的、可靠的标准化数据，也被称为非财务信息。此外，无法确定的还有ESG数据与实质性之间的联系，以及ESG数据与财务结果之间的直接联系。

现在，ESG数据的获取方式和实质性都在改变。今天可以获得的ESG信息比以往任何时候都多，而且越来越多的公司正在标准化框架下进行披露。研究人员也在研究诸如碳排放等ESG风险与股票价格之间的联系。

第六章
可持续投资的业绩表现

如前所述，21世纪第二个10年中可持续投资蓬勃发展。人们不禁思考，这种趋势是否会影响公司估值，从而影响其融资成本，并暗示投资者可以从中获得优秀的回报？

在寻求此类问题的答案时，我们认为最好通过了解学术研究的扎实内容，而不是依赖个人意见来为投资者服务。秉持这一理念，我们在本章中将深入探究各大研究，并检视以下问题的不同结论：

- 不同机构的ESG评级是否存在一致性？
- 市场是否将碳风险纳入股票价格？
- 资产定价模型是否能很好地解释绿色和棕色股票的回报？
- 负面筛选与正面筛选相比有何影响？

回顾这些问题的研究结果，将帮助投资者做出明智的决定。首先，我们来看一看经济学理论如何看待可持续投资策略对估值和预期回报的影响。

偏好、风险和分散投资的经济学理论

尽管可持续投资炙手可热，但有一种经济学理论似乎表明，如果足够大比例的投资者选择青睐可持续发展评级高的公司，而避开评级低的公司（即所谓"罪恶公司"），那么受青睐的公司的股价可能会上涨，而罪恶公司股票的估值或将降低（也意味着为潜在溢价留出空间）。如此一来，在市场均衡的作用下，根据投资者的偏好筛选，反而会导致被淘汰资产的回报溢价。

这一理论的结果往往是，受青睐的公司将拥有较低的融资成本，因为它们将以较高的市盈率进行交易。然而，融资成本较低的另一面是股东的预期回报较低。反之，罪恶公司的融资成本会更高，因为其市盈率会更低，而另一方面，股东的预期回报会更高。

此外，这种现象背后还有一种假设是，投资者需要较高的预期回报（高于市场要求的回报的溢价）作为买入罪恶公司的情感成本补偿。另一方面，选择投资可持续评级较高的公司的投资者，也许愿意接受相对较低的回报作为契合道德价值观的成本。

对于罪恶溢价，还有一个基于风险的假设。我们可以合理地假设，忽视 ESG 风险敞口的公司，可能比其更关注 ESG 的同行面临更大的风险（即更广泛的潜在后果）。不少人认同，可持续评级得分高的公司具有更好的风险管理和更好的合规标准，以及更强有力的控制可以减少极端事件的发生，例如环境灾难、欺诈、腐败和诉讼（及其负面后果）。因此，相对于得分最低的公司，高分公司的尾部风险降低。风险和收益往往是两面的，较大的风险可能会催生罪恶溢价。

分散化被称为投资者最好的朋友。然而，相对于基础广泛的市场指数基金，美国的部分可持续投资者可能牺牲了分散化的一些好处，因为他们的投资范围仅限于符合可持续投资筛选标准的股票。从理论上讲，多元化程度较低的投资组合效率较低。

以上的论述均为经济学理论，但现实当真如此吗？在检视这个问题之前，重要的是要了解研究的一些局限性，例如ESG相关研究的历史以及ESG评级的一致性问题。

正如我们在本书第一章中的定义，ESG投资自2005年前后才正式登场。而资产定价研究人员喜欢研究数十年的数据，例如，关于小盘股与大盘股、价值股与成长股的比较研究现在有90多年的数据需要分析。数据越多，解释的可靠性就越高。由于ESG数据不到20年，而SRI研究（例如，罪恶股票表现）的数据也不多，投资者应将这些研究的结果视为初步结果。

不同机构的ESG评级存在巨大分歧也是一个问题。例如，2020年的一篇论文《总体困惑：ESG评级的分化》的作者发现，ESG评级机构之间的相关性平均仅为0.61（1.0代表完全相关，而0.0则表示完全不相关）。[1]因此，投资者从评级机构那里得到的信息可能是模棱两可的。ESG评级的差异对实证研究提出了真正的挑战。当我们无法就真实的ESG评级高低达成一致时，也很难确定这些ESG评级或高或低的股票表现。ESG评级机构的选择可能会显著改变相关研究的结果和结论。除了论文《总体困惑》，其他几个研究论文也证实了ESG评级似乎缺乏共识，包括《ESG评级之内：（不）一致性和业绩表现》[2]和《走向绿色意味着走向盈利》[3]以及以下论文。

第六章 可持续投资的业绩表现

《分化的 ESG 评级》，埃尔罗伊·迪姆森（Elroy Dimson）、保罗·马什（Paul Marsh）和迈克·斯汤顿（Mike Staunton）[4]

为了了解评级差异给投资者带来的挑战有多大，我们将回顾这项 2020 年的研究结果。该论文作者发现，虽然数据对于做出投资决策至关重要，而且大多数投资机构或完全或部分依赖外部 ESG 数据提供者，但这些机构的评级数据存在较弱的相关性。图 6.1 显示了 MSCI、Sustainalytics 两家领先机构的 ESG 评分，不难发现较大的差异——一家公司可能从其中一家评级机构收获高分，却常会从另一家机构获得相对更低的分数。

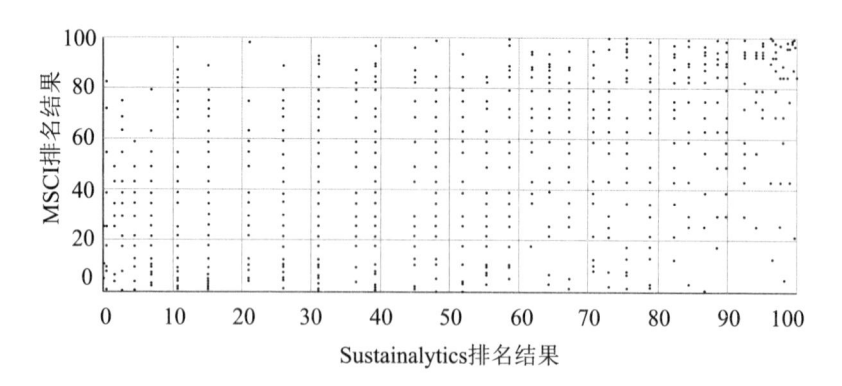

图 6.1　2019 年年初 MSCI 与 Sustainalytics 的 ESG 排名结果

资料来源：MSCI 与 Sustainalytics 对 878 家美国公司的研究。

图 6.2 显示了 3 家 ESG 评级机构对 6 家公司的排名，并表明公司可以在任何一个因素上获得截然不同的排名。例如，在环境因素方面，脸书被 Sustainalytics 排在前 1%，在 MSCI 排名中则居于前 96%。

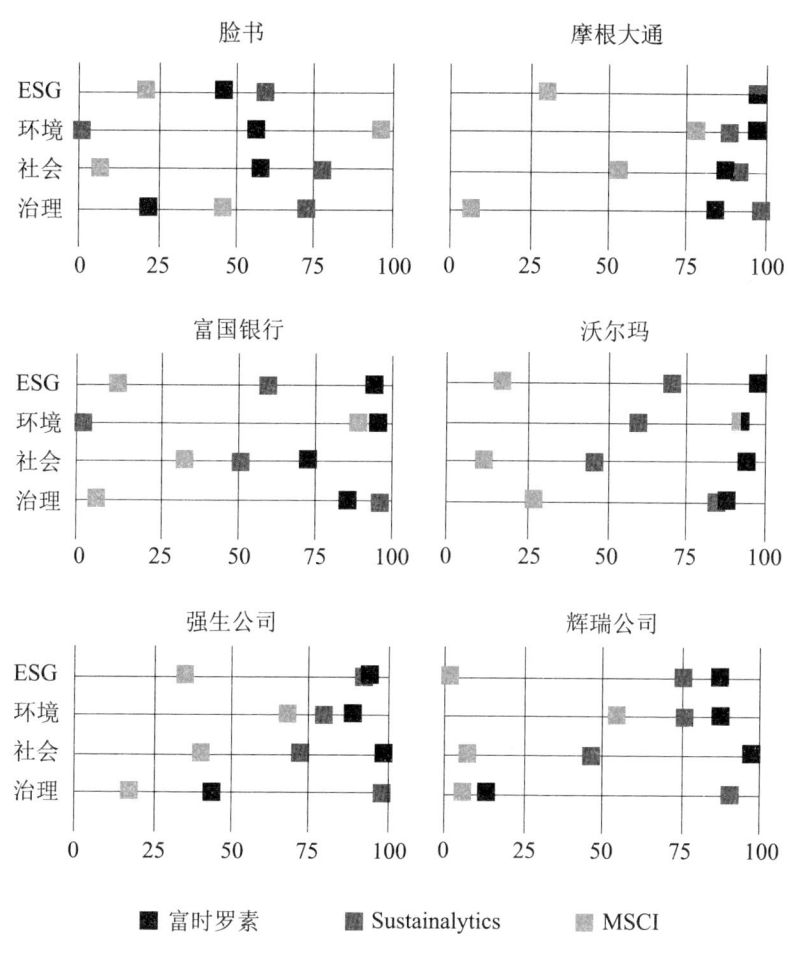

图 6.2 不同 ESG 评级机构的公司排名

资料来源：MSCI、富时罗素、Sustainalytics。

图 6.3 显示排名的成对相关性也很低，对单个评价维度来说尤其如此——以治理维度举例，3 家评级机构的评分基本上是不相关的（相关系数近乎 0）。

第六章 可持续投资的业绩表现

相关系数

	ESG	环境	社会	治理
富时罗素与Sustainalytics	0.59	0.42	0.43	0.07
MSCI与Sustainalytics	0.45	0.11	0.18	−0.02
MSCI与富时罗素	0.30	0.23	0.21	0.00

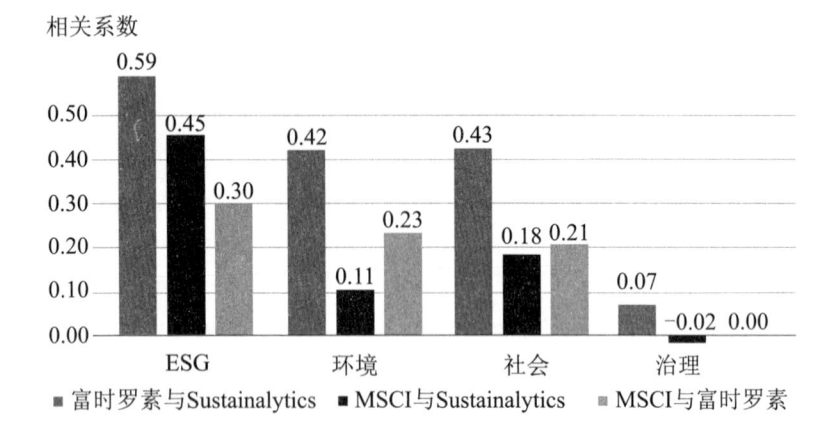

图 6.3　ESG 排名的相关系数

资料来源：MSCI、富时罗素、Sustainalytics。

该论文的作者认为，ESG 评级的分歧可能是由以下 5 个主要因素造成的：

1. 衡量同一事物的指标多种多样且可能不一致。衡量方式的多样性容易导致评级结果的分歧，包括公司相关的要素、不同的术语和衡量单位等。
2. 评级机构定义比较基准的方式可能存在差异。例如，Sustainalytics 将公司与广泛的市场指数成分股进行比较，而标准普尔将公司与同行进行比较。
3. 在上市公司层面，ESG 评级受到数据缺失的困扰。当一家公司不披露指标时，一些评级者会假设最坏的情况并给出零分。其他人估算的分数反映了报告数据的同行。更精密的方案采用统计模型来估计缺失的指标，但依旧时常不清楚公司为何获得或高或低的评级。

4. 鉴于公共信息膨胀和指标缺乏共识，评级机构对特定公司的评分差异可能加剧。
5. 不同评级机构的权重规则（反映了不同指标的相对重要性）差异也很大，如图6.4所示。

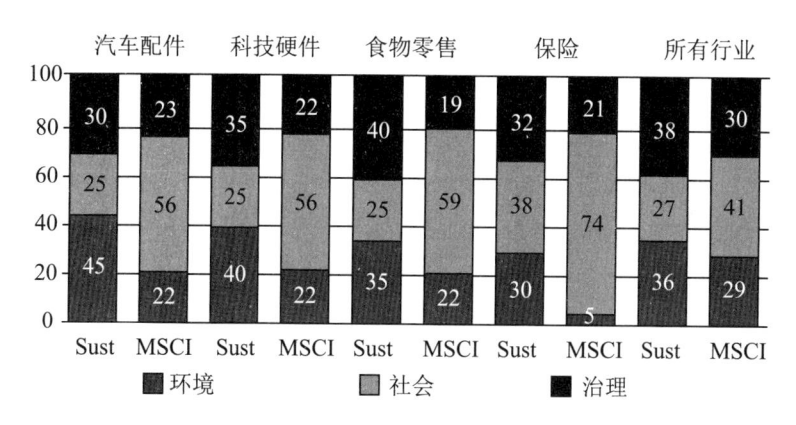

	汽车配件		科技硬件		食物零售		保险		所有行业	
	Sust	MSCI	Sust	MSCI	Sust	MSCI	Sust	MSCI	Sust	MSCI
治理(黑)	30	23	35	22	40	19	32	21	38	30
社会(灰)	25	56	25	56	25	59	38	74	27	41
环境(深)	45	22	40	22	35	22	30	5	36	29

图 6.4　ESG 评分权重规则差异

注：Sust，是 Sustainalytics 的缩写。
资料来源：MSCI、Sustainalytics。

总而言之，ESG 投资者的资产配置可能面临着不小的挑战，因为用于构建 ESG 投资组合的数据之间存在很大差异，并且在实质性评估方面亦有分歧。不过这也不足为奇，因为"什么是好的 ESG"并没有规定的、普遍接受的标准。如此，投资 ESG 基金的结果可能与其持有者的目标和信念不一致。此外，ESG 基金的回报和风险可能存在显著差异，因为其更容易受特定基金的规则影响，而非统一的 ESG 因素。考虑到这一问题，我们建议使用 ESG 评级和排名之前先研究其定义和方法论。话虽如此，在建立投资组合时，数据、权重和评估方法缺乏透明度仍可能会难以确保公司 ESG 绩效的真实性。我们认为，投资者与其比较不同评级机构，不如确定对自己的投资策略重要的 ESG 架构，再将其与有类似架构的 ESG 评级产品相匹配。

意识到 ESG 评级差异带来的挑战，接下来，我们将启动对现实中的 ESG 投资回报的检验。第一个案例来自全球最大的主权财富基金。

来自主权财富基金的案例

最大的 SRI 投资者之一是规模超万亿美元的挪威政府全球养老基金——挪威的主权财富基金。该主权财富基金根据两种排除策略决定是否将公司从其投资组合中剥离。基于产品的排除策略包括武器、动力煤和烟草厂商。基于行为的排除策略涉及有侵犯人权、严重环境破坏和腐败记录的公司。根据该基金 2017 年的分析，其资产管理人挪威银行投资管理公司发现，由于过去 11 年出于道德原因排除股票，该基金似乎错过了 1.1% 的累积额外收益。具体而言，排除烟草公司和武器制造商分别降低了 1.2% 和 0.8% 的收益。[5]

诸如此类的结论促成了一种"违反社会规范"的投资策略的发展：罪恶投资（也称不良投资）。

罪恶投资

这种策略的投资组合中的公司，通常被可持续投资基金、ETF、养老基金和资产管理机构排除在外。"罪恶投资者"主要关注所谓的"罪恶股票",如酒精、烟草、赌博、色情和武器公司。不过,这些股票的历史表现真的支持这种投资理念吗?

《逐恶无因:对罪恶股票的五因子调查》,格雷格·里奇(Greg Richey)[6]

在里奇 2017 年的研究中,他回顾了 1996 年 10 月至 2016 年 10 月 20 年期的数据,使用了多因子模型来确定罪恶股票的投资组合是否优于标普 500 指数。所谓因子指的是股票的特征,例如它们是大盘股还是小盘股,是成长股还是价值股。因子模型已经被广泛认为可以解释多元投资组合收益的大部分变化。在作者的研究中,他收集了 61 家美国"罪恶公司"的数据,并使用了单因子模型(市场风险)、法马–弗伦奇(Fama-French)三因子模型(市场风险、账面市值比、市值规模)、卡哈特(Carhart)四因子模型(市场风险、账面市值比、市值规模、动量敞口)和法马–弗伦奇五因子模型(市场风险、账面市值比、市值规模、盈利能力、投资水平)分析、度量这些股票的表现。

以下是其研究结论的摘要:

- 在 1996 年 10 月至 2016 年 10 月,标普 500 指数年化收益率 7.8%,而罪恶基金年化收益率为 11.5%。
- 所有模型都发现,投资罪恶股票的基金的投资组合贝塔系数介于 0.59~0.74,表明该组合的市场风险或波动性低于标准普尔 500 指数,后者在样本期间的贝塔系数为 1。这加强了该罪恶投资组合的防御性。
- 单因子、法马–弗伦奇三因子和卡哈特四因子模型的年化阿尔法分别为 2.9%、2.8% 和 2.5%。这些调查结果表明，在调整风险的基础上，罪恶股票拥有超额收益。然而，在补充了投资和盈利能力因素的五因子模型中，超额收益实际上消失了，每年仅为 0.1%。这一结果有助于解释先前模型未能捕捉到的罪恶基金组合表现。作者得出结论，与平均相比，不良股票之所以可能收益率更高，或是因为它们的利润率更高，在投资的支出上却较小。

里奇的发现似乎与其他罪恶股票研究一致。

《罪恶的代价：社会规范对市场的影响》，哈里森·洪（Harrison Hong）、马尔钦·卡佩尔奇克（Marcin Kacperczyk）[7]

这项 2009 年的研究发现，经过卡哈特四因子模型调整后，美国的罪恶股票多头投资组合每月收益率为 0.29%（时间区间为 1965 年至 2006 年）。作为样本外的支持，七个欧洲大型市场和加拿大的罪恶股票每年的表现优于同类股票约 2.5%。他们得出的结论是，罪恶股票的异常风险调整后收益是由于机构投资者的忽视。

《排他性筛选》，埃尔罗伊·迪姆森、保罗·马什、迈克·斯汤顿[8]

这项 2020 年的研究似乎进一步证明了排除罪恶股票是有代价的。该研究发现 1900 年至 2019 年，美国收益率最高的行业指数是烟草和酒精。从 1900 年到 2019 年，在美国股市投资 1 美元可提供 9.6% 的年化收益率，投资烟草行业的同一美元收益率为 14.2%，表现第二好的行业是酒精。英国也得出了类似的结论。从

1900年到2019年，英国股市的年化收益率为9.3%，表现最好的行业是酒精，收益率为11.5%，而烟草是表现第二好的行业。

他们还研究了根据腐败程度（通常是衡量治理质量的指标）筛选国家的影响。评估国家的方式参考了丹尼尔·考夫曼（Daniel Kaufmann）、阿特·克拉伊（Aart Kraay）和马西莫·马斯特鲁齐（Massimo Mastruzzi）2010年的世界银行政策研究工作论文《全球治理指标：方法和分析议题》中提出的全球治理指标[9]，这些指标包括6个广义治理维度的年度得分。经济学理论表明，腐败是一个风险因素。因此，腐败程度较高的国家的投资者理论上将要求回报溢价作为风险补偿。

三位作者发现14个国家评分很低，12个尚可，12个很好，11个分数很高。后3组2000年后的收益率在5.3%~7.7%。相比之下，腐败控制不佳的市场的平均收益率为11.0%。有趣的是，在司法腐败更常见的辖区进行股权投资的实际收益率甚至更高。但正如作者所指出的，时间很短，这一结果可能只是运气使然。另一方面，腐败作为风险，使得投资者要求获得溢价也是合乎逻辑的。然而与罪恶股票相同，这一溢价也可能是排他性筛选因素的结果（投资者更抵制腐败的国家，进而压低资产价格、提高预期收益）。

可持续投资偏好的代价

《SRI偏好的代价》，罗科·西西雷蒂（Rocco Ciciretti）、**安布罗焦·达洛**（Ambrogio Dalò）、**拉默特扬·丹姆**（Lammertjan Dam）[10]

三位作者2017年的论文提到，对SRI的需求可以用两种不

《均衡中的可持续投资》，卢博斯·帕斯托（Lubos Pastor）、罗伯特·斯坦博（Robert Stambaugh）和卢西安·泰勒（Lucian Taylor）[12]

三位作者得出了与上文作者相同的结论。这两个研究的作者都指出，随着市场对 ESG 基金的需求日益旺盛，预期的均衡点可能已经移动。当 ESG 评分高的公司的投资组合权重上升，其持仓股票的短期资本收益——已实现收益可能会暂时上升，但长期的预期收益可能会下降。上文作者通过计算股息价格比率对 ESG 特征的回归，研究长期 ESG 溢价如何随时间演变，证实了这一假设。

本文作者也发现：

- 投资者有着不同的可持续或 ESG 偏好。这些偏好有两个维度：首先，代理人从持有绿色公司获得正效用，从持有棕色公司获得负效用。其次，虽然他们关心企业的总体社会影响，但他们也关心财富，不过，他们愿意牺牲一些预期收益来换取绿色投资所提供的效用收益。

- 投资者对绿色资产的偏好会影响资产价格——资产越环保，均衡点的市场风险阿尔法系数越低。绿色资产的阿尔法系数为负，棕色资产的阿尔法系数为正。因此，具有更强 ESG 偏好的代理人，其投资组合更倾向于绿色资产而非棕色资产，预期收益可能更低。

- 如果环境、社会及治理的影响出乎意料地加强，尽管原本预期收益相对较低，绿色资产依然可以跑赢棕色资产。这一较高的短期收益出自对绿色股票需求的增加进而抬升的估值。"ESG 风险的暴露是绿色资产在一段时间内的表现可能优于棕色资产的原因。"投资者的偏好可以通过估值的变化来推动短期收益。因此，为避免 ESG 风险带来的溢价可能大到足以克服绿色股票的负阿尔法。

- 作者认为 ESG 风险因素之所以存在，是因为对公司股票投资者和这些公司的客户而言，ESG 担忧的强度都会发生变化。如果对 ESG 担忧加剧，客户可能会将他们对商品和服务的需求转移到更环保的供应商（客户渠道），投资者可能会希望持有更环保公司的股票（投资者渠道）以获得更多效用。绿色股票更容易受到 ESG 风险因素的影响。

《可持续的资本资产定价模型（S-CAPM）：来自绿色投资和罪恶筛除的论据》，奥利维尔·泽比布（Olivier Zerbib）[13]

本文作者的研究结果与此前的发现一致。其研究的目标是可持续投资是如何通过负面筛选和 ESG 整合来影响资产收益的。为此，他开发了一种资产定价模型，来评估被忽视的股票溢价（受限的投资者参与可能会带来被忽视股票的额外风险溢价）和偏好溢价（由可持续投资者的资产偏好引起的外部性成本内部化）。他认为，这两种筛除溢价都是由投资者基本盘的缩小造成的。为了验证他的假设，作者应用该模型研究了绿色投资和罪恶股票筛除策略，他采用了 2000 年至 2018 年年末期间的美国数据，包括全球范围内投资美国股票的 348 只绿色基金。

以下是其研究的结论摘要：

- S-CAPM 模型优于卡哈特四因子模型。与经济学理论一致，该模型也发现了可持续投资的偏好效应和筛除效应，分别有每年 1.5% 和 2.5% 的影响。
- 当大量投资者对该资产持悲观态度时，溢价增加，反之亦然。
- 构建比均值方差模型更低夏普比率的投资组合时，可持续投资者做出的是次优选择。

避免投资会带来更高资金成本的认知提示了一种提高可持续投资策略收益的方法。

提高可持续投资回报

许仲翔（Jason Hsu）、刘笑杨（Xiaoyang Liu）、沈凯伦（Keren Shen）、维韦克·维斯瓦纳坦（Vivek Viswanathan）和赵彦翔（Yanxiang Zhao）是 2018 年研究论文《通过 ESG 投资获得卓越表现》的作者，他们研究了筛选投资资金成本较高的 ESG 公司是否会提高回报。[14] 对于每个热门 ESG 领域的股票，他们根据股权融资成本将其由高到低等分为五组；具体用于估测股权融资成本的特征包括账面市值比、毛利润、净经营资产、应计利息、波动性、资产增长和市场贝塔值。

与经济学理论一致，他们发现股权成本较高的公司往往优于股权成本较低的公司。根据彭博评分，股权成本高的公司得分平均比股权成本低的公司高出 7.3 个百分点（T 统计量为 1.9）。使用汤森路透评分，前者表现则超出 6.9 个百分点（T 统计量为 2.2）。以标准普尔 500 指数为比较基准，作者发现高股权成本 ESG 策略每年的表现领先约 3 个百分点，年周转率约为 60%（鉴于池内均为 500 只最大的股票，交易成本应该非常低）。

《投资者关心碳风险吗?》,帕特里克·博尔顿(Patrick Bolton)和马尔钦·卡佩尔奇克[15]

依托本文两位作者的优秀研究,我们可以探讨碳风险对股票收益的影响。

大量的学术研究试图根据个股对规模、估值、盈利能力和动量等因子的敞口解释股票收益差异。然而,企业的碳排放变量似乎没有得到关注。如今,全球变暖的证据以及遏制二氧化碳排放的新政策提出了一个重要的问题,即碳排放是否会对不同行业和持有不同投资组合的投资者构成重大风险。

本研究的假设援引如下:

- 如果投资者超配高碳排放(及高碳风险)的股票,他们会寻求更高的回报作为风险补偿,进而可能形成了企业的自身碳排放与股票回报的正相关关系。
- 如果市场效率较低,碳风险可能会被低估。
- 高排放公司的股票与罪恶股票一样——它们被具有社会责任感的投资者回避,以至于被排斥的公司可能会提供更高的风险溢价作为回报。

两位作者探讨了碳排放是否会影响美国股票收益。他们的数据样本涵盖了2005财年以来约1 000家上市公司,以及2016财年以来美国2 900多家上市公司。样本区间涵盖了ESG投资意识崛起的重要时期,即2005—2017年。公司层面的碳排放数据则来自七家主流机构:CDP、Trucost、MSCI、Sustainalytics、汤森路透、彭博社和ISS。

作者遵循对碳排放分类的惯例，将公司的经营和经济活动分为三个不同的范围：

- 范围 1 是生产中的直接排放。
- 范围 2 是购买能源引起的间接排放（包括电、热、气）。
- 范围 3 是其他间接排放，来源包括材料采购、产品使用、废物处理、外包活动等。

以下是他们研究结果的摘要：

- 能源、电力和综合型公用事业行业产生了最多的范围 1 排放，而消费金融、储蓄和抵押贷款、资本市场行业则是"最清洁的"。就范围 2 而言，金属采矿业、电力设施和建筑材料则是排放最密集的三个行业（最清洁的行业与范围 1 角度的 3 个行业相似）。针对范围 3，食品、金属采矿、建筑材料是碳排放最密集的三个行业；三个最不密集的行业则为互联网软件和服务、医疗保健技术、软件服务。
- 控制了市值规模、账面市值比、动量等因子以及其他影响回报的变量后，作者发现，二氧化碳总排放量（以及排放量变化）较高的公司股票可以取得更高的回报。
- 与排放量逐年增长相关的还有显著的碳溢价——相较减排成功的公司，化石燃料使用与日俱增的公司必须提供更高的股票回报，方可收获投资者的青睐。
- 碳溢价具有重要的经济意义：如果范围 1 排放的绝对水平和相对变化各增加 1 个标准差，该股票的年化收益率将分别增加 1.8 个和 3.1 个百分点。范围 2 排放的绝对水平和相对变化如增加 1 个标准差则会导致年化收益率分别增加 2.9 个和 2.2 个百分点。范围 3 排放的绝对水平及相对变化如增加 1 个标准差后，股票的年化收益率则会增加 4.0 个和 3.8 个百分点。

- 碳溢价不能通过预期外的盈利能力差异和其他已知风险因子来解释。
- 机构投资者可能会排除部分直接排放量突出的行业——但如果仅基于范围 1 排放水平决定撤资，撤资对投资组合的排放水平可能没有显著影响，机构投资者也不会减持范围 2 和范围 3 排放强度大的公司。总体而言，这一结论或许适用于许多机构投资者。实际上，大量的机构投资者仍然仅根据范围 1 排放强度筛选标的。

两位作者得出结论："我们的研究验证了这一观点——投资者正在要求获得暴露于碳风险的补偿。"他们指出，碳溢价在最近才真正成形："如果我们回顾 20 世纪 90 年代，也就是将 2005 年总排放量的横截面分析回测到 20 世纪 90 年代，碳溢价并不显著。这意味着，当时的投资者可能没有那么关注碳排放。"

两位作者对碳风险溢价的研究结果与经济学理论（预期风险和回报正相关）及有效市场假说是一致的。现在，让我们转而回顾那些似乎与他们的发现相冲突的观点——这种冲突给解释 ESG 研究结果带来了困难。

充道:"虽然碳风险很好地解释了系统性回报的变化,但我们没有发现碳风险溢价的证据。可能的原因在于:(1)棕色公司和变得更绿的公司的股票价格走势可能相反;(2)碳风险与未定价的现金流变化有关,而不是定价贴现率变化。"

矛盾的观点

相互矛盾的观点往往会给解释研究结果带来问题。重要的是要记住,投资者的偏好会对资产价格和收益产生不同的短期和长期影响。可持续投资得分高的公司在投资组合中所获得的权重上升,会导致其股票的短期收益,即实际收益率暂时上升。然而,较高的估值可能会降低长期的预期回报。其结果可能是绿色资产的回报增加,即便棕色资产的预期回报更高。

换言之,在短期内,碳风险和收益之间可能存在着一种模糊的关系。正如"碳风险"一文的作者所述:"随着时间的推移,当市场逐步深化对碳风险的理解,并且意外成分相对于预期成分有所下降,我们应该期待预期收益和碳风险之间呈现正向关系。"如果没有这份理解,投资者可能会误解那些认为碳溢价缺乏不足的研究结果。

实际上,事前的碳溢价是存在的,但事后结果可能显示负溢价,这是由于现金流提高了绿色公司的估值。鉴于可持续投资的长期趋势,似乎还需要一段时间才能达到新的均衡。在此期间,尽管投资者需要为碳风险付出风险溢价,但绿色股票的表现仍可以超过棕色股票。

与 ESG 相关的资金流对短期和长期回报的影响存在差异，这有助于解释《碳风险》与《投资者关心碳风险吗？》两文研究结果之间的矛盾，我们之前已经有所探讨。《投资者关心碳风险吗？》的数据期间覆盖 2005—2017 年，而《碳风险》只覆盖了 2010—2016 年。《投资者关心碳风险吗？》发现了具有显著经济意义的碳溢价，并得出结论："我们的研究结果与投资者要求对碳排放风险进行补偿的解释是一致的。"研究结果的差异可能来自《投资者关心碳风险吗？》研究样本期间后半段，这段时间 ESG 投资资金流急剧增加，而《碳风险》的样本只覆盖了这段时间。这些资金流对估值的影响淹没了投资者所要求的碳溢价——《碳风险》中预测的新均衡也尚未形成。

《获得绿色还是浅尝辄止？将碳风险纳入投资组合管理》，马克西米利安·戈尔根、安德里亚·雅各布和马丁·内林格[17]

在《碳风险》一文的研究基础上，本文作者研究了整合碳风险如何影响投资组合风险、因子（如账面市值比）敞口以及业绩。这个 2021 年的研究用 BMG 来分析 2010 年 10 月至 2019 年 12 月由 MSCI ACWI 可投资市场指数（IMI）的所有成分股组成的全球数据集。研究样本包括近 9 000 只成分股和大约 99% 的全球股票投资机会集。发现之一是，在《碳风险》一文的研究中，因子敞口的差异推动了部分的回报模式（图 6.5）。纳入考量的因子包括：市值规模因子（Small Minus Big，SMB），账面市值比因子（High Minus Low，HML），动量因子（Winners Minus Losers，WML），碳因子（Brown Minus Green，BMG）。

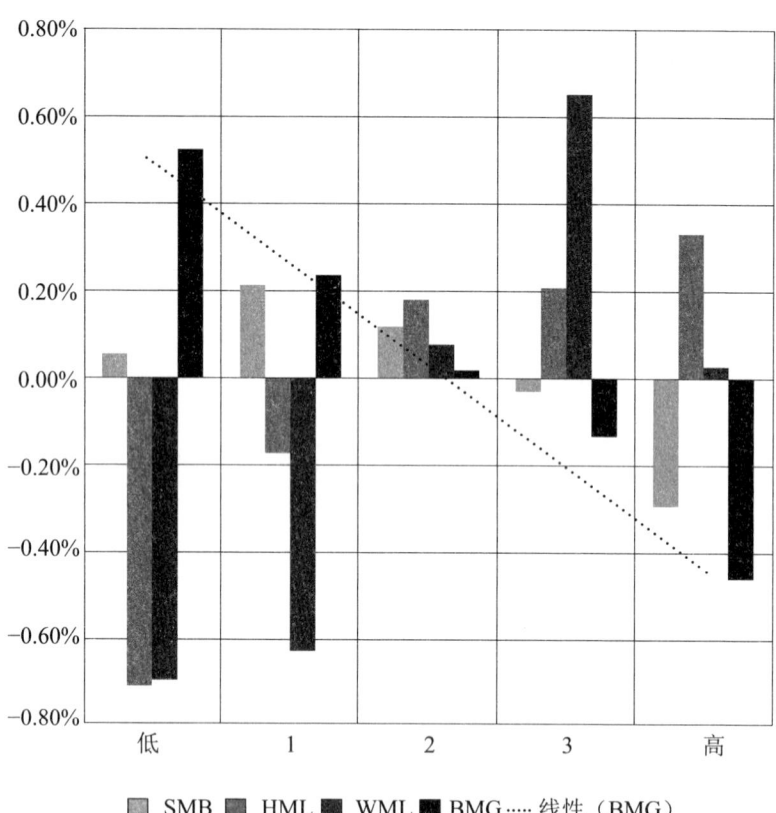

```
0.80%
0.60%
0.40%
0.20%
0.00%
-0.20%
-0.40%
-0.60%
-0.80%
        低        1        2        3        高
```

■ SMB ■ HML ■ WML ■ BMG ······ 线性（BMG）

图 6.5　各因子敞口对回报的影响

他们还发现，碳风险与市值规模、账面市值比和动量因子的相关性很低，这表明它是一种独特的风险。

本文作者根据一套更基于基本面的指标体系再次构建了他们的投资组合，这套体系即 MSCI 的碳排放分数。其结论与论文《碳风险》的研究结果截然不同，甚至是相反的。他们发现，碳排放得分最差的棕色投资组合的平均回报率最低，为 13.7%；具有最佳碳排放得分的绿色投资组合具有较高的回报率，为 15.7%，但低于中性投资组合（回报率为 16.3%）。尽管结果不同，但他们确实发现这一回报模式再次可以用不同的因子敞口解释，特别是账面市值比因子。例如，账面市值比的风险敞口有很大的变化，棕色碳贝塔组合为 –0.17，棕色碳排放得分组合则为 0.36。此外，绿色投资组合的账面市值比敞口也有很大变化，从 0.37 降至 –0.01。这些变化使棕色投资组合的回报率下降，绿色投资组合的回报率上升。该研究还发现，棕色投资组合的夏普比率较低，市场风险较大，且阿尔法最小，为 –2.03%，而绿色投资组合为 –0.65%。

排除性筛选的影响

三位作者接下来研究了使用排除性筛选（如剔除可持续发展得分最差的 10% 或 20% 的股票）的投资组合策略。他们发现，最绿的投资组合表现最差，每年比基准表现差 3.3 个百分点，而最棕的投资组合每年比市场表现则好 2.4 个百分点。而且，越棕的投资组合，收益率就越高。此外，极端筛选组合的总风险高于中性组合，若将组合限制在最低碳贝塔值的股票上，平均会导致标准差增加 2.9 个百分点。因此，筛选得越严格，投资组合的夏普比率就越差。他们总结道："与市场基准相比，选择最绿或最棕的股票投资者可能会牺牲风险调整后收益。然而，这种损失是随着投资组合碳风险敞口逐渐集中而产生的。"

同类最佳筛选策略

三位作者接下来转向研究同类最佳筛选策略如何影响投资组合的业绩。他们构建了一个投资组合，均匀分布在 11 个全球分类标准行业中,并且各行业的权重也相等,每个行业中选取碳贝塔指数居于后 20% 的股票(见表 6.1)。

表 6.1 同类最佳筛选策略

投资组合	平均年化收益率	标准差	夏普比率	BMG 阿尔法	市场贝塔	碳贝塔
低	12.55	16.97	1.00	−1.11	0.89	−0.51
2	13.81	15.15	1.16	−1.46	0.96	−0.20
3	14.12	13.74	1.32	−0.57	0.90	0.03
4	16.58	14.34	1.47	0.96	0.92	0.20
高	19.70	18.64	1.36	1.10	1.12	0.50

注：该表显示了五个最佳投资组合的风险和收益情况。在每个行业内,股票根据其碳贝塔值被分为五分位数。对于所示的五分位数投资组合,行业五分位数投资组合是在等权的基础上汇总的。平均年化收益率、BMG 阿尔法和标准差都以百分比显示。对于所有其他统计数字,都给出了绝对值。

最绿色的投资组合的平均年化收益率为 12.55%,夏普比率为 1.00,BMG 阿尔法为 −1.11。收益率递增,最棕色的投资组合平均年化收益率为 19.70%,夏普比率为 1.36,BMG 阿尔法为 1.10。

三位作者接下来将他们的同类最佳筛选策略应用于国家投资组合。他们发现,欧洲各国的棕色投资组合平均年化收益率是迄今为止最低的,为 5.25%。绿色投资组合的平均年化收益率为 10.39%,几乎是棕色投资组合回报率的 2 倍。这种表现也许是由于欧洲更加强调可持续发展,进而引导更多的资金流入可持续投资策略。在美国,ESG 投资规模目前占资产管理规模的 1/3,

在欧洲则是 1/2。在美国，绿色和棕色投资组合的表现更为相似，尽管最绿色的投资组合依旧拥有最高的平均年化收益率和最高的夏普比率（见表 6.2）。

表 6.2　同类最佳筛选策略：欧盟和美国

投资组合	平均年化收益率	标准差	夏普比率	BMG阿尔法	市场贝塔	碳贝塔
A 组：欧盟						
低	10.39	23.83	0.46	−9.34	1.50	−0.73
2	13.03	19.55	0.66	−5.57	1.27	−0.49
3	12.61	17.58	0.69	−5.44	1.18	−0.34
4	14.24	16.95	0.82	−3.33	1.13	−0.23
高	5.25	21.47	0.29	−9.18	1.28	0.19
B 组：美国						
低	20.91	14.64	1.35	5.40	0.96	−0.21
2	17.72	13.54	1.25	1.54	0.96	−0.02
3	19.55	14.46	1.29	1.62	1.02	0.11
4	19.54	16.43	1.16	0.71	1.15	0.28
高	19.90	20.30	0.96	0.00	1.33	0.66

注：该表显示了最佳的国家投资组合的风险和收益情况。在每个国家内，股票根据其碳贝塔值被分为五分位数。对于所示的五分位数投资组合，国家五分位数投资组合在等权的基础上进行汇总。A 组显示欧盟的结果，B 组显示美国的结果。平均年化收益率、BMG 阿尔法和标准差都以百分比显示。对于所有其他统计数字，都给出了绝对值。

这些发现使作者们得出结论："棕色和绿色股票都存在风险，这些风险来自向低碳经济转型过程中的不确定性。大多数可持续发展评级并没有反映出碳风险的这种两面性。通过衡量碳风险，即碳贝塔，可以反映出棕色和绿色的风险。"

大多数投资者只考虑到一点，即如果向低碳经济的过渡比预期更快或更广泛，棕色股票就会面临更多的风险。然而值得注意的是，如果转型的速度较慢或范围较小，绿色股票就会面临更大的风险。关键或许在于，投资者需要了解股票价格已经反映了已知的 BMG 风险，因此只有意料之外的事件才会影响收益。

作者们还发现，绿色和棕色投资组合的大部分收益变化可以由普通的股票因子敞口来解释，而不同碳风险评分的投资组合的回报模式也会不同。

作者们继续得出结论："筛选策略使得投资者达到一定的碳风险阈值，然而这往往伴随着牺牲一些风险调整后收益。"此外，在行业层面上使用同类最佳筛选策略，使得投资者在无须面对额外风险敞口的情况下控制一定的绿色或棕色水平。

他们总结道："对于将碳风险纳入投资策略，我们建议投资者仔细分析所有的可用信息，尤其是当绿色和棕色的衡量标准将显著影响预期风险和收益时。"

作为上一观点的补充说明，他们发现使用何种绿色和棕色指标（碳风险指标、BMG 或 MSCI 碳排放指标）所带来的回报结果有很大差异，这有助于解释可持续投资的学术研究结果的巨大差异。当我们讨论 2020 年的研究论文《投资者是否付出了业绩的代价？考察 ESG 的行为股票基金的行为》时，这个问题会得到更多探讨。

现在，我们研究本节所讨论的矛盾观点的影响——投资者的偏好导致了对资产价格和收益的不同短期和长期影响。在此之前，让我们回顾相关的假设——可持续发展得分高的公司会赢得更多投资组合的青睐，使得其股票的短期资本收益，即实际收益率暂时上升。然而在长期，较高的估值也许会降低预期回报。但结果可能是，即使棕色资产获得更高的预期收益，绿色资产的回报仍然增加。在短期内，碳风险和收益之间的关系可能是模糊的。

《脱碳因子》，亚历山大·奇马－福克斯（Alexander Cheema-Fox）、布里奇特·雷·阿尔穆托·拉佩拉（Bridget Re almuto LaPerla）、乔治·塞拉菲姆（George Serafeim）、大卫·图尔金顿（David Turkington）和王慧［Hui（Stacie）Wang］[18]

这种模糊的关系在2021年的研究论文《脱碳因子》得到了进一步证明，该研究涵盖2009年6月至2018年的数据。作者们发现，脱碳因子的回报（有关降低碳排放的策略）与同期机构资金流入因素有关——如果在同期资金流入时买入脱碳因子，当资金流出时卖出该因子，在美国市场该策略产生了1.5~4.4个百分点的显著超额收益，在欧洲市场产生了2.5~8.5个百分点的超额收益。此外，在不考虑资金流入的情况下，纳入脱碳因子对投资组合的表现几乎没有影响。该项研究结果使作者得出结论："机构投资者的资金流入包含了一些信息，即对与气候变化发展相关的基本面预期。"他们的结论与经济学理论一致，尽管绿色股票由于资金流的原因在短期内可以表现得更好，但棕色股票被预期提供更高的回报，作为其风险的补偿。

《评估ESG：真正的好事还是听上去的好事？》，布拉德福德·康奈尔（Bradford Cornell）和阿斯瓦特·达莫达兰（Aswath Damodaran）[19]

面对以上略显冲突的观点，两位作者进一步研究了ESG相关投资标准和账面市值比之间的相互影响，以下是作者们的主要发现：

- 证据表明，社会责任企业贴现率较低，因此投资者预期回报较低，这可能比社会责任企业带来较高的利润或增长更有说服力。
- 更多证据表明，不好的企业会受到市场的惩罚，如更高的贴现率，或更容易受到灾难冲击。因此，ESG 倡导者更愿意告诉企业不要做坏事而不是引导其做好事。
- 虽然没有强力证据能表明做好事可以改善公司的经营业绩（如增加现金流），但更具信服力的是，公司做坏事会使其融资更加困难（股权和债权成本更高）。
- 投资那些市场公认的好公司可能会降低而非增加投资者的回报，若在市场认可和反映在定价中之前，投资那些好公司，成功的机会要大得多。
- 几乎没有完全一致的证据表明投资上述好公司的社会责任基金能带来超额回报。
- 没有证据表明美国的主动 ESG 投资比被动 ESG 投资做得更好，这与许多主动投资文献中的结论相呼应。

《"亲爱的，我缩小了 ESG 的阿尔法"：风险调整后的 ESG 投资组合回报》，乔瓦尼·布鲁诺（Giovanni Bruno）、米哈伊尔·埃萨基亚（Mikheil Esakia）和菲利克斯·戈尔茨（Felix Goltz）[20]

这项研究也主要关注矛盾观点的证据。这项 2021 年研究的作者试图确认最近声称 ESG 策略能产生超额收益的证据是否准确。为了确认这一点，作者参考过往的热门论文，构建了 12 个历史表现出色的 ESG 策略，评估了投资者在考虑行业和因子敞口、下行风险和注意力转移之后的业绩收益。研究采用了 2007 年 1 月至 2020 年 6 月来自 MSCI 的 ESG 评级数据（无形价值评估，IVA）。ESG 评级最低 0.0 分，最高 10.0 分，分数越高意味着公司在 ESG 议题上表现得越强劲。作者采用了环境、社会和治理三要素来构建成分分数，并用 MSCI 公布的分数来设计单一成分的策略。此外，他们还参考了 ESG 的总分，通过加权平均各个成分分数，得到公司的 ESG 总分。

作者接着设计了多头和空头策略，以捕捉 ESG 领先者和 ESG 落后者之间的业绩差异。在每月的再平衡日（每月的第三个星期五），他们选择 ESG 得分前 30% 的股票作为多头，得分的后 30% 的股票作为空头，多头组合和空头组合中的股票权重相同。作者随后评估了 2008 年 1 月至 2020 年 6 月的策略回报，根据热门的行业论文，构建了 3 种策略：

- ESG 总分和 ESG 成分得分：根据公司的 ESG 总分，或 3 个成分得分之一来选择股票。从而形成 4 个不同的策略。
- ESG 动量得分：根据其 ESG 动量选择股票，ESG 动量指 ESG 得分在 12 个月内的变化。
- 综合得分（ESG 和 ESG 动量）：在多头组合中配置仓位 30% 的股票（先选择 ESG 得分最高的前 40% 的股票，之后排除其中 ESG 动量最低的 10% 的股票）。同理，空头组合则先选择 ESG 得分后 40% 的股票，并排除 ESG 动量最高的 10% 的股票。

之后，作者根据标准的时间序列进行回归衡量各ESG策略的收益水平，但这些回报并非来源于标准因子敞口。他们的多因子模型包括7个因子：市场风险、账面市值比、市值规模、动量、低波动性、高盈利能力和低投资因素。以下是结论摘要：

- 无论是在美国还是其他发达市场，当考虑标准因子敞口时，12种不同的策略都没有显著增加超额收益。在使用ESG数据建立的不同策略中，所有多因子策略的阿尔法估计值都接近零，这意味着投资者不能通过这些ESG策略来提升他们投资组合的夏普比率。
- 75%的CAPM超额阿尔法可追溯到质量因子，这个因子则源于资产负债表信息。
- 除了ESG动量策略，ESG策略可能有明显的行业偏好。例如在美国，ESG策略基金常用于科技股投资，而行业中性的投资组合则削弱了ESG策略的表现。
- ESG策略并没有显著的下行风险保护，考虑到这些策略对下行风险的敞口，这不会改变以下结论：除了对标准因子的隐性敞口，没有任何附加价值，常见的标准因子包括公司质量（高质量的公司往往是大型的、赢利的、保守投资的）。换言之，ESG策略往往是投资大盘股的质量把控手段。在样本期内，如果投资者以与美国ESG策略相同的强度倾斜于质量因子，其投资表现将优于ESG策略。
- 最近ESG策略的强劲表现可能与投资者对可持续投资基金的关注增加有关。日渐提高的投资者关注度使得更多资金流入可持续投资基金，数据显示，投资者对 ESG 的关注度从 2013 年左右开始明显上升。高关注时期的阿尔法估测值较低关注时期高 4 倍，低关注时期的阿尔法有时甚至为负值。因此，基于近期数据的研究往往会发现 ESG 的回报更高。

因此作者得出结论："过往流行的论著中对超额收益的声称也许是无效的，因为其依据存在瑕疵。这些研究选择了一个市场关注度上行的时期，可能忽略了必要的风险调整，这导致了他们得出 ESG 存在超额收益的结果，即使现实中并不存在。"

这份结论与《评估 ESG：真正的好事还是听上去的好事？》的观察结果一致，他们表示："一种可能的情况是公司行善对公司本身（通过增加其账面市值比）和公司的投资者（通过提供更高的回报）都有好处，但它需要一个调整的过程，使得良好的表现提升公司价值，但现实中投资者对其定价的反应较慢。毕竟对 ESG 的关注是一个相对较新的现象，在过去 10 年左右的时间里才逐渐凸显出来，可能市场价格一直在调整，以反映 ESG 考量的新均衡。随着市场价格的调整纳入了 ESG 信息并假设该信息对投资者是重要的，高 ESG 评级公司的贴现率将下降，低 ESG 评级公司的贴现率将上升。由于贴现率的变化，高 ESG 评级公司的相对价格将上升，低 ESG 评级公司的相对价格将下降。因此，在调整期间，高评级 ESG 公司的表现将优于低评级 ESG 公司，但这是一个一次性的调整效应。一旦价格达到均衡点，高评级的 ESG 股票估值已然水涨船高，投资者将不得不满足于较低的预期回报。"

第六章　可持续投资的业绩表现

《ESG 投资：证据的评估》，韦恩·温格登（Wayne Winegarden）[21]

让我们将注意力转向一项对小部分可持续投资基金业绩的长期跟踪。

这项 2019 年的研究分析了 30 只 ESG 基金的表现。这些 ESG 基金有的已经存续 10 年以上，有的在短期内的业绩超越了同期的标普 500 指数。以下是作者的研究结果摘要：

- 作者构建了一个 10 000 美元的 ESG 投资组合，该组合由有完整 10 年跟踪记录的 18 只 ESG 基金组成，各基金配置比例保持一致（包括管理费的影响）。10 年后，该组合业绩表现与类似的标普 500 指数基金相比，净值缩水了 43.9%。

- 在 18 只基金中，只有 1 只基金在 5 年的投资期限内超过了标普 500 指数基金的收益率。而在 10 年的投资期限内，只有 2 只基金战胜了标普 500 指数。

- 在美国，ESG 基金更加昂贵，平均费用率为 0.69%，而标普 500 指数基金的费用率要低得多。专注于社会目标的 ESG 基金子类别的平均费用率甚至高达 0.89%。在长投资期限内，假设其他方面的收益是相似的，这些高得多的费用会对净回报产生巨大的影响。

- 若以集中度来衡量，这些美国 ESG 基金的风险也更大。平均而言，它们的前 10 大重仓占投资组合的 37%，而标准普尔 500 指数基金则为 21%，ESG 组合大大降低了多样化的好处。在 VanEck Vectors Environmental Services ETF 这只基金中，前 10 大重仓股占投资组合净值比例高达 64%，而过于集中的持仓往往会带来更大的风险。

作者总结道："从过去的表现来看，ESG 基金的投资回报还没有显示出与单纯的泛指数基金相近的收益能力。对投资者而言，明确认识到自己的价值观与所愿承担的成本，并在两者间进行权衡，对他们更好地追求个人财务目标至关重要。"

《投资者是否为业绩付出了代价？考察 ESG 股票基金的表现》，让－卡尔·普拉格（Jan-Carl Plagge）和道格拉斯·格里姆（Douglas Grim）[22]

先锋领航集团研究团队的让－卡尔·普拉格和道格拉斯·格里姆在 2020 年的研究中提供了关于 ESG 股票基金业绩的进一步证据。他们调查了可投资的 ESG 股票基金的业绩特征，以评估是否可以找到对业绩产生影响的特定方向的支持。他们的数据集包括指数基金、主动基金、ETF。在美国，这些基金的投资重点是将 ESG 因子纳入投资过程。该研究的样本区间是 2004—2018 年的 15 年。

他们依据晨星的可持续发展评级策略筛选 ESG 基金。首先，他们从样本中剔除了所有以行业为投资重点的基金，因为其认为这些基金主要由行业特点（而非 ESG）驱动。有趣的是，他们的数据集刚开始共有 98 只基金，随着时间的推移逐渐增加，到 2018 年年底共有 267 只基金，这也证明了 ESG 投资的日渐普及。

以下是他们的主要研究结果：

- 在控制了风格因子敞口后，任何一个 ESG 类别中的大多数基金没有产生统计意义上显著的正或负的阿尔法。
- 基于行业的业绩贡献分析，虽然与宽基指数相比，ESG 配这些指标参考了年度报告、公司网站、非营利组织网站、证券交易所定期报告、企业社会责任报告和新闻。作者利用 MSCI 和 Sustainalytics 的数据来补充汤森路透的 ESG 数据。

MSCI ESG 打分基于 7 个定性议题的强度和关注度，它们分别是社区、公司治理、多样性、员工关系、环境、人权和产品；以及 6 个商业争议议题的关注度，它们分别是酒精、赌博、枪支、军事、核能和烟草。

Sustainalytics ESG 评级衡量了公司对与其业务相关的 ESG 问题的管理能力，并评估了公司降低风险和利用机会的能力。Sustainalytics 从以下 4 个方面评估一家公司的 ESG 参与度：

- 准备工作：评估旨在管理重大 ESG 风险的公司的管理系统和制度。
- 信息披露：评估公司报告是否符合国际最佳实践标准，以及在最重要的 ESG 议题上是否足够透明。
- 量化表现：根据碳排放强度等量化指标对公司 ESG 表现进行评估。
- 定性表现：根据其涉及的争议事件来评估公司的 ESG 表现。

以下是他们研究结果的摘要：

- 与非签署方相比，PRI 签署方拥有更好的 ESG 表现。然而，21% 的签署方 ESG 评分低于中位数——这意味着一部分签署方未能言出必行。

- ESG 评分的效力具有高度持久性——这表明 ESG 绩效是投资机构的长期特征。
- 根据 Fung-Hsieh 七因子模型调整后，认可 PRI 的投资管理公司的对冲基金每年的业绩比其他投资管理公司的对冲基金低 2.5%（T 统计量为 3.93），原始回报率为 1.44%（T 统计量为 2.06）。
- ESG 评分较低的签署方旗下的对冲基金业绩表现要差很多——低 ESG 评分的签署方旗下对冲基金在调整风险后，年化收益率比相近评分的非签署方对冲基金低 7.72 个百分点（T 统计量为 3.18）。相比之下，高 ESG 评分的签署方和非签署方对冲基金之间每年风险调整后的业绩差异仅有 0.54 个百分点（T 统计量为 0.74）。
- 言行一致至关重要，无法履行诺言的 PRI 签署方面临更大的运营风险。
- 虽然在调整风险因素后，支持 PRI 的对冲基金表现不如其他对冲基金，但它们能够吸引更长期的资金流入，获得更多的管理费收入——与非签署方相比，PRI 签署方每年吸引的资金高出 16%。

作者总结道："结果表明，一些签署方在战略上拥抱责任投资以迎合投资者的偏好。"他们补充说："研究结果显示，部分签署方旗下的对冲基金表现不佳不能归咎于高 ESG 评级的股票，因此代理问题（管理人与受托人之间的风险、利益不对称）可能影响更大。"他们还指出："低 ESG 评级的签署方更有可能在其 ADV 表格披露新的监管行动、投资和严重违规行为，这表明他们在合规和归档方面偏离了应有的商业标准或走了捷径。"遗憾的是，他们还指出："投资者似乎不知道这些签署方身上存在的代理和运营问题，ESG 评级较差的签署方似乎能够吸引到与 ESG 评级优秀的签署方一样多的资金流。"最重要的是，一些公司似乎只在战略上支持责任投资，但并不付诸实践。他们的发现与金秀勋（Soohun Kim）和尹亚伦（Aaron Yoon）2020 年的论文《积极基金管理人的 ESG 承诺分析：UN PRI 的证据》[24] 的结论一致。他们发现："无论之前的 ESG 基金评级如何，流向 PRI 签署方基金的资金都显著增加。然而，在回报率下降时，签署方并没有提高 ESG 基金评级。实际上，只有部分基金改善了 ESG 评级，而许多其他基金则利用 PRI 的背书来吸引资本，而没有对其 ESG 评级状况进行显著的优化。"最后，他们震惊地发现："签署方在环境议题上的投票较少，而他们所持有的股票在环境相关的争议加剧。"他们补充说，这可能是一个冲击，因为"环境争议往往是对上市公司股价有重大负面影响的尾部风险"。

2020 年的论文《全球责任机构投资》的作者拉杰娜·吉布森（Rajna Gibson）、西蒙·格洛什纳（Simon Glossner）、菲利普·克鲁格（Philipp Krueger）、佩德罗·马托斯（Pedro Matos）和汤姆·斯蒂芬（Tom Steffen）在美国注册的机构基金中发现了类似的结果：公开承诺责任投资的美国机构没有表现出更高的 ESG 评级。[25] 然而，公开承诺 PRI 原则的非美国机构确实表现出更高的 ESG 评级。与其他研究一致，他们还发现"在将他们与非 PRI 签署方进行比较时，股票投资组合回报率较低的证据不足"。然而，他们也发现了"负面筛选、整合以及参与降低投资组合风险的证据"。

证据表明，至少有很大一部分对冲基金将加入 PRI 作为营销策略和公司获得资金的一种方式。同时，责任投资对他们的回报产生了负面影响。一般而言，机构基金也是如此，尽管对回报的负面影响的证据较弱。

发展社会责任因子

《分类和衡量社会责任基金的绩效》，梅厄·斯塔特曼（Meir Statman）和丹尼斯·格鲁什科夫（Denys Glushkov）[26]

两位作者在常用的卡哈特四因子模型中添加了两个社会责任因子。

他们提出的第一个因子是头尾收益差因子（TMB），由关系、环境保护、多样性和产品组成。第二个因子是买卖收益差因子（AMS），指的是 SRI 投资者普遍接受的公司股票收益与其普遍回避的公司股票收益之间的差值，被回避的股票通常包括酒精、烟草、赌博、火器、军事和核工业公司。

两位作者利用 MSCI ESG KLD STATS 数据库的数据构建了他们的社会责任因子，并指出："社会责任因子的贝塔系数可以很好地获取指数和主动管理基金的社会责任特征。例如，社会责任的 KLD 400 指数中的 TMB 和 AMS 贝塔系数高于传统的标准普尔 500 指数。"为构建这两个社会责任因子，他们根据五项社会责任标准（员工关系、社区关系、环境保护、多样性和产品）及其 AMS 相关分数（基于股票被回避还是被买入）计算出每家公司年底的 TMB 分数。此后，他们将年终比分与随后 12 个月的回报相匹配。他们研究的时间区间是 1992 年 1 月（可用数据的最早时间）至 2012 年 6 月。

TMB 因子的多头组合纳入的公司要求为：在五项社会责任标准中的至少两项须在行业排名前 1/3，而这些公司的任何标准不得排名后 1/3。TMB 因子的空头组合内的持仓公司则至少两项行业排名 1/3，任何一项标准中都不在前 1/3。同理，AMS 因子多头组合是 SRI 基金通常青睐的公司股票组合，其空头组合则选择被回避公司的股票。TMB 和 AMS 投资组合在每年年底更新。

以下是他们研究结果的摘要：

- 平均而言，SRI 排名靠前的股票回报率超过了排名靠后的股票。TMB 因子的平均年化收益率为 2.8%。
- 平均而言，SRI 基金普遍青睐的股票收益率低于被回避股票。AMS 因子的平均年化收益率为 –1.7%。
- TMB 和 AMS 两个因子之间的收益几乎没有相关性。
- TMB 因子的六因子阿尔法值为 0.55%，表明高 TMB 的社会责任基金能提高绩效。
- AMS 因子的六因子阿尔法值为 –0.36%，表明高 AMS 的 SRI 基金可能表现较差。其阿尔法值为负可以被视为回避罪恶股票的代价。然而，AMS 得分的分析结论不具有统计意义。
- 当将高 TMB、低 AMS 的基金与低 TMB、高 AMS 的基金进行比较时，阿尔法值的差异最为明显。前者阿尔法值较高，后者较低。年化阿尔法值的差异是具有统计意义的 0.91%。

两位作者总结道:"SRI基金和普通公募基金的业绩表现在统计上缺乏显著差异,可能是因为SRI投资者对高TMB和高AMS公司的股票都有所偏好。第一种偏好增加了他们的业绩,而第二种偏好则减损其影响,因此两者的总和很小。如果要正确分析SRI基金业绩,需要单独核算TMB和AMS的影响。"

他们发现AMS因子产生负阿尔法值与之前讨论的理论和研究情况一致。然而,为何TMB因子的阿尔法值为正?一种解释是,如果足够多的可持续投资者避开TMB分数低的股票,这些公司的资金成本将上升,预期回报也会上升,因此会出现明显的异常。此外,也许其超额收益可用卡哈特四因子模型未包含的另一个因子解释。

基于上述问题,该研究提供了其他可能的解释:

- 亚历克斯·埃德曼斯(Alex Edmans)在其2011年的研究论文《股市是否充分重视无形资产?——基于员工满意度和股价的研究》中提到,员工满意度高的公司股票的回报高于其他股票。[27]
- 杰罗恩·德沃尔(Jeroen Derwall)、娜佳·根斯特(Nadja Guenster)、罗伯·鲍尔(Rob Bauer)和基斯·科迪亚克(Kees Koedijk)在其2005年的研究论文《生态效率溢价之谜》中提到,拥有良好环境保护记录的公司的股票回报高于其他公司。[28]
- 亚历山大·肯普夫(Alexander Kempf)和皮尔·奥斯特霍夫(Peer Osthoff)在其2007年的研究论文《SRI对组合业绩的影响》[29]中提到,在社区、多样性、员工关系、环境、人权和产品等 SRI 指标打分排名靠前的公司股票的表现总体优于这些指标排名较低的股票。更高的回报可能源于部分投资者的短视——例如对于更高的工资，部分投资者会将其视为负面的短期成本，而低估了其带来的长期收益，ESG 投资也许正是反其道行之。

我们还有另一个重要问题要考虑。证据表明，在可持续投资领域，有两种相互冲突的力量在起作用，而过于武断的排除策略确实会导致收益率下降。然而，在投资中纳入可持续因子也会降低投资风险。因此，从风险调整后的收益来看，两者或许可以相互抵消。

《ESG 是权益因子还是仅为投资指南？》，安德烈·布里特（André Breedt）、斯特凡诺·西利贝蒂（Stefano Ciliberti）、斯坦尼斯劳·瓜尔迪（Stanislao Gualdi）和菲利普·西格（Philip Seager）[30]

在 2019 年的这项研究中，作者们试图使用资产定价模型作为基准，确定 ESG 投资对风险调整后收益的影响。他们使用 MSCI ESG 数据库，其中包含全球 16 799 家公司的月度评级。他们的研究数据的时间区间是 2007 年 1 月至 2017 年 10 月。

以下是他们研究结果的摘要：

- ESG 评分可能存在地区偏差，新兴市场的 ESG 评分低于发达市场。
- ESG 评分与市值规模因子（SMB）呈负相关，与低波动性因子（LV）/低贝塔因子（LB）略呈正相关。大盘股和低波动性、低贝塔的股票具有更高的 ESG 评分。
- 以 ESG 评级为预测指标构建的股票市场中性投资组合在全球范围内表现平平（欧洲股市小幅上涨，美国股市小幅下跌。然而，这些结果在统计上都没有显著意义）。
- 投资组合的整体业绩可以用负市值规模因子、负动量因子和负贝塔因子的敞口来解释。
- 无法解释的部分业绩表现平平。环境和社会评分似乎无益于提升股票表现，优秀治理的表现或利于创造正收益，这大概率是因为其与盈利能力因子的相关性。

作者得出结论，"将 ESG 因子纳入投资组合的益处似乎已经被其他已知权益因子体现。ESG 倾斜的投资方法可能不会带来更高的风险调整后收益。"

虽然这些证据表明，ESG 可能不会产生额外好处，但更重要的是，它也表明，ESG 不会对风险调整后收益产生负面影响。至少，这些信息确实允许投资者通过投资表达他们的社会观点，而不会受到任何收益上的惩罚。

该研究为我们提供了可持续投资与传统经济学理论（特别是有效市场）不一致的视角。

市场是否能有效为可持续风险定价

《ESG 风险和股票回报》，西蒙·格洛什纳[31]

这项 2017 年的研究的作者采用了一种有趣的方法来分析

ESG 投资的表现。他使用了 RepRisk 提供的关于 ESG 风险的数据，RepRisk 自 2007 年以来筛选了数千个信息源（包括媒体、非政府组织、政府机构），涉及 28 个 ESG 议题，如环境污染、侵犯人权和欺诈。

作者认为：" 这些 ESG 议题集合被用来计算样本中每家公司的 ESG 声誉风险敞口评分，即 RepRisk 指数。在这个过程中，RepRisk 根据议题的严重性、范围和新颖性来区分主要和次要议题。RepRisk 指数从 0 到 100，数值越高表示 ESG 风险越高：指数在 0~25 表示低风险，26~50 为中风险，51~75 为高风险，76~100 为非常高风险。当一家公司的 RepRisk 指数在过去两年中超过 50 时，其 ESG 风险敞口就很高，表明该公司存在许多严重的 ESG 问题。"

作者创建了为期两年的 RepRisk 指数峰值大于 50 的股票投资组合。换言之，他的研究不是判断公司通过"做好事"能否让公司股票表现更好，而是判断公司"做得不好"是否会破坏股东价值。遗憾的是，他的数据集有效期仅为 2009 年至 2016 年。2010 年 12 月，高 ESG 风险的公司有 38 家，2014 年 12 月则为 95 家公司（大多数是大盘股，中位市值 490 亿美元）。

以下是他的研究结果摘要：

- 2014 年 12 月，95 家高 ESG 风险的公司中最常见的行业是银行（9 家）、制药（8 家）、零售（8 家）、商业服务（7 家）以及石油和天然气（7 家）。这里需要注意的是，烟草、酒精和游戏这三个罪恶行业没有出现。
- 负面 ESG 事件在短期（21 天）会产生显著的异常负收益。

例如，RepRisk 指数上涨超过 10 点，会产生 0.40% 的异常负收益。如果 RepRisk 指数上涨至少 30 点（表明 ESG 问题更严重），异常负收益将超过 2%。

- 高 ESG 风险的公司在接下来的一年遇到的 ESG 问题比低或中 ESG 风险的公司多——这意味着 ESG 评分存在持续性。
- 高 ESG 风险的公司与同行相比，经营业绩（如股本回报率、年内销售增长、净利润率和资产回报率）明显较差，也具有更多意料之外的负收益。这些异常负收益解释了高 ESG 风险的美国投资组合中近半的负阿尔法值。
- 美国 ESG 历史表现最差的公司的市值加权投资组合与约 3.5% 的负面异常股票有关，这一结论具有 1% 的置信度水平。
- 一个类似的欧洲投资组合（含 44 家公司）表现出 2%~4% 的显著异常收益。在卡哈特四因子欧洲模型中，负阿尔法值具有 5% 的置信度水平，在八因子世界模型中则有 1% 的置信度水平。这为美国样本的结论提供了支持。
- 稳健性检验结果证实，这些公司的异常负收益并非常见风险因子的结果：业绩不佳源于表现不佳的行业、负异常值、盈利能力薄弱、公司治理薄弱及许多其他特征。

作者得出结论，投资者低估了高 ESG 风险的负面后果，对之前的负面 ESG 事件应对不佳。因此，高 ESG 风险会破坏股东价值。他为负阿尔法值提供了两种解释：

首先，尽管有证据佐证 ESG 评分的持久性，但"当高 ESG 风险的公司出现新的 ESG 问题时，投资者仍会感到错愕"。这表以下是他的研究结果摘要：

- 公司的历史 ESG 事故率预测了更多事故、更弱的盈利能力和其股票更低的风险调整后收益——这表明糟糕的 ESG 表现更容易引发事故，进而对公司业绩产生负面影响。
- 传统 ESG 评分对未来事故的预测能力不如历史 ESG 事故率。
- 具有高 ESG 事故率的美国市值加权投资组合与每年 –3.5% 的阿尔法值有关，即约 1 860 亿美元的市值损失。该结论通过了风险因子、行业、异常值和其他稳健性检验。作者在欧洲市场发现，价值加权投资组合的年化收益率为 –2.5%，且均在统计上显著。
- 风险调整后的低收益源于分析师的预测错误，及亏损公告和后续事件引发的低收益——历史 ESG 事故率指标预见了卖方分析师的错误盈利预测，因为他们高估了高 ESG 事故率的公司盈利。当历史 ESG 事故率较高的公司宣布季度收益时，异常收益率约为每年 –1.4%。
- 高历史 ESG 事故率与传统 ESG 评级的严重内部分歧亦显著有关。ESG 事故多发与评级分歧相关的共同原因可能是企业的"漂绿"行为——传递错误印象或其产品如何更环保的误导性信息——这可能导致错误的定价。
- 高事故发生率的公司在所有 E、S、G 方面都经历过事故。
- 套利的限制不能解释为何高 ESG 事故率的公司收益率低。
- 2014 年 12 月，95 家 ESG 事故评分高的公司中最常见的行业是银行（9 家）、制药（8 家）、零售（8 家）、商业服务（7家）以及石油和天然气（7家）。

作者总结道："糟糕的ESG表现对长期价值产生了负面影响，而这并没有完全反映在股价上。"他补充说："因此，假设有足够多的投资者继续忽视基于事故的ESG信息，一个负责任的投资者可能会通过筛选高ESG事故率的公司来改善自己的投资业绩。"

《股价对ESG争议反应过度》，崔蓓（Bei Cui）和保罗·多切蒂（Paul Docherty）[33]

上文作者针对"投资者对负面ESG新闻反应不足"的发现与本文两位作者是一致的。他们通过研究ESG投资方式如何影响市场效率，调查了ESG投资趋势可能出现的负面影响。他们假设，由于ESG现在是投资者信息集的非常显著的方面之一，鉴于认知的局限性，投资者可能会投入大量资源来检查ESG，从而损害其他基本面因子——相较于公司财务基本面，ESG投资者可能过于重视社会表现的相关信息，这可能导致市场变得更低效。为了论证这一观点，他们引用的研究显示，有证据表明，资金流入了社会责任评级良好的基金，流出了评级较差的基金。这种现象可能会鼓励机构投资者关注股票的ESG特征，而较少关注基本面——这与表明限制机构投资可能会影响股价的证据一致。

作者首先指出，文献表明，ESG评级较高的股票崩盘风险较低，而且不太可能囤积不良信息。由于崩盘风险被定价，许多研究发现社会责任基金较低的平均回报可能与投资者对崩盘风险的厌恶有关。他们还指出，该研究表明，股市对ESG消息的反应是不对称的；对糟糕的 ESG 新闻有显著的负面反应，但很少有对好消息的反应。这种关联性可能会促使机构投资者更加关注股票的 ESG 特征，有时会疏于关注基本面。他们研究了 2000 年至 2018 年发布的 ESG 新闻，其数据来自 RavenPack。

以下是他们研究结果的摘要：

- 与显著性理论相一致的是，过度强调 ESG 会导致市场对 ESG 争议新闻的过度反应——ESG 争议新闻发布时存在负面的公告效应，但这些负面影响平均在随后的 90 天内消退。
- 在所有公司中，在 1% 的置信水平下，负面 ESG 新闻前后 10 天的累计异常收益率为 –0.773%，而好消息前后的平均异常收益率则是无足轻重的 –0.004%。
- 这种过度反应对规模较小的公司以及被更多"跟风"投资者持有的股票的影响更为明显。
- 机构持股比例较高的公司对 ESG 新闻事件的价格反应更为明显。相较于正面新闻，在负面 ESG 新闻发布后，机构持股比例显著下降。
- 当负面 ESG 消息发布时，异常交易量明显增加，而当正面 ESG 消息发布时，异常交易量仅小幅增加，这说明信息有泄露的可能。

作者最后补充："在负面 ESG 新闻后，有的逆向投资者可能会从购买不受欢迎的股票中获利。"

可持续投资对投资策略的影响

《ESG 投资：从罪恶股票到策略指数》，法比奥·亚历山德里尼（Fabio Alessandrini）和埃里克·琼多（Eric Jondeau）[34]

现在我们来谈谈可持续投资对投资策略的影响。本文作者研究了改善投资组合的 ESG 是否会影响业绩、相对于基准的跟踪误差以及基于因子的策略效率。该研究涵盖了 2007 年至 2017 年的数据。他们考虑了两种类型的筛选策略：基于企业 ESG 得分的负面筛选法和基于行业调整后平均得分的正面（或最佳）筛选法。

以下是他们的研究结果摘要：

- ESG 负面筛选法并不会导致风险调整后收益的减少。
- ESG 负面筛选法确实会导致区域和部门倾斜以及投资组合的风险敞口。
- 几乎所有被动投资组合的市值规模因子敞口都为负值，因为大公司通常比小公司 ESG 评级更高。此外，筛选过程可能会导致配置更多昂贵（低账面市值比因子敞口）的股票，但同时会配置更多的盈利能力优秀的公司。
- ESG 筛选有时会降低特定因子的使用强度。例如，对于基于市值规模的 smart beta 策略，在世界投资组合中，SMB 因子载荷在四因子模型中从 1.48（0% 排除）下降到 1.23（50% 排除），尽管它仍然非常重要。同样，对于动量策略，动量因子载荷从 0.81 下降到 0.58。对于价值策略，美国 HML 因子负荷（高 – 低）从 0.72 下降到 0.37。
- 各地区的平均分数差距较大，欧洲（6.8 分）最高，太平洋地区（5.8 分）接近世界平均水平，美国和新兴国家（分别为 5.0 分和 4.2 分）低于平均水平。因此，在其他条件相同的情况下，意图提高投资组合评分的投资者往往会增持欧洲和太平洋地区的公司。欧洲公司的评级高于美国公司的原因之一是欧洲的监管更为严格。

- ESG 投资组合对金融和能源领域的配置权重相对较低，而对信息技术和工业领域的配置权重相对较高。与行业调整后的平均 ESG 评级相比，使用 E、S 和 G 单个标准进行筛选时，行业偏好更明显。

- 环境风险没有得到相应的正溢价，而治理风险确实得到了回报，因为排除治理水平最差的公司会带来更低的组合阿尔法值。

作者总结道："通过构建优化组合 ESG 特征的算法，并保持对各种风险因子的控制，ESG 投资组合对某些区域、行业偏好的风险敞口可能会得到缓解。"

《公司债券一级市场与社会责任》，迈克尔·哈林（Michael Halling）、余进（Jin Yu）和约瑟夫·泽赫纳（Josef Zechner）[35]

至此，我们已经研究了可持续投资策略对股票风险和收益的影响。我们在债券市场是否会看到同样的影响？本项研究的作者考察了 ESG 评级对债券市场的影响。

他们首先指出：

"一级债券市场代表了一种环境，在这种环境中，预期风险溢价可以通过观察到的与无风险利率的利差来量化。一级市场还有一个额外的优势,即债券发行时通常由投资银行担任中介,投资银行应确保公司债券能够以公平的价差发行,不太可能像二级债券市场那样受到临时市场流动性水平的影响。在发行阶段,债券一般也有近期的信用风险评级,这有效地控制了许多发行人和债券的特征。"

他们的数据样本涵盖了2002年至2020年发行的5 261只美国债券。他们的分析集中在ESG前两个维度——E和S。

以下是他们调查结果的摘要:

- E和S评级与公司债券一级市场的发行息差之间存在强烈的负相关关系——即使在控制债券评级和各种公司特征(如净账面杠杆率、规模、行业和盈利能力)的情况下,在一级债券市场,良好的E、S业绩可以带来较低的信用息差。
- 这种效应对低评级债券的影响是最强的——对于高评级发行人(即AAA或AA),E和S的总评级影响是不显著的。然而,即使是高评级的债券,员工相关的评级因子也会显著降低公司债券的利差。
- E和S评级效应在制造业、农业、采矿业和建筑业的企业之间最为明显。
- 约60%的样本来自E和S表现较好的公司,其债券的利差要低得多(约45个基点)。
- 并非所有的E和S维度都同样重要,因为上述结果主要由产品相关维度驱动,较小程度上由员工相关维度驱动——其他维度(如环境、社区或人权)虽然能得到媒体和决策者的更多关注,但似乎对公司债券的定价无关紧要。

第六章 可持续投资的业绩表现

- E 相关的维度似乎只对那些面临最大环境风险的行业有影响。
- 在扩张期间，员工关系评级高对一级市场的价差有显著的负面影响。员工关系评级高的公司似乎在扩张中具有比较优势，而扩张的特点通常是劳动力市场趋紧。在经济衰退期间，员工关系评级似乎失去了意义。

作者有一个有趣的发现，近年来 E 和 S 评级对利差的解释能力有所下降。他们假设，这种模式的一个潜在解释是，2015 年年底，穆迪和标普宣布，在确定信用评级时，它们将更明确地考虑 ESG 维度，从而减少各自 E 和 S 分数中的信息内容。2017 年，全球另一个知名评级机构惠誉加入进来，将 ESG 维度纳入考虑范围。作者们补充说："结果表明，ESG 评级并没有完全表现出其对信用利差的影响。"他们的结论是："我们的证据表明，一些 E 和 S 维度捕获了与违约风险相关的信息。"

有证据表明，ESG 评级越高，股票估值越高，公司债券利差越低。因此，我们可以得出结论，关注可持续投资原则可以降低资金成本，为公司提供竞争优势。这也为企业提供了提高 ESG 评级的动力。换句话说，通过关注可持续投资原则，投资者正在促使公司以积极的方式改变行为。

《碳排放、机构交易和公司债券的流动性》，曹杰（Jie Cao）、李怡（Yi Li）、战昕彤（Xintong Zhan）、张蔚明（Weiming Zhang）和周林宇（Linyu Zhou）[36]

对上述发现的支持来自 2021 年的一项研究，该研究调查了公司的碳排放水平如何影响机构投资者的交易行为和公司债券的流动性。作者们首先指出，相对于股票市场，公司债券市场的流动性较低，交易成本较高，并且更多地由机构投资者主导。此外，"公司债券市场的场外交易性质使其严重依赖中间交易商……机构投资者更有可能在公司债券市场进行成群交易。如果公司债券的机构投资者对碳排放的担忧做出反应，其影响将反映在他们的交易模式和市场流动性上"。

他们的数据样本涵盖了 2007 年至 2019 年来自 1 274 家美国独立上市公司的 28 701 只独立公司债券，占整体市场的 57%。他们对加入《巴黎协定》（2015 年 12 月）和美国前总统特朗普当选（2016 年 11 月）两个冲击事件的检验进一步证明了因果关系。本研究所用的碳排放评级数据来自 MSCI ESG 评级，重点研究对象是公募基金公司和保险公司——公司债券市场的两大主要参与者。

以下是他们研究结果的摘要：

- 如果公司债券发行机构的碳排放量较高，那么公募基金公司和保险公司更有可能成群出售公司债券。
- 公募基金的资金对基金的碳排放风险做出了负面反应。
- 债券基金经理有抛售高碳排放公司债券的动机，以吸引资金并避免赎回，这可能导致高碳排放公司债券面临更大的抛售压力。
- 面对投资者的赎回，公募基金更有可能出售高碳排放公司债券。
- 高碳排放公司债券的流动性更差。

- 《巴黎协定》签署后，机构投资者对高碳排放公司债券的抛售"羊群效应"大幅加剧，特朗普当选后则有所减弱。

他们得出结论：公司债券共同基金的最终投资者足够成熟，能够考虑到碳排放的风险敞口。其结果是，碳排放影响了共同基金的交易决策。他们补充称："机构投资者面临的限制可能会放大基础市场的冲击。对于公募基金，我们发现在面临投资者赎回时，基金往往会卖出更多的高碳排放债券。对于保险公司，我们发现它们更有可能出售高碳排放债券，这些债券成为'堕落天使'的风险更高，这可能是其资本限制所致。"在市场情绪紧张期间，这些影响会放大。

我们的下一项研究考察了可持续投资者对高预期收益市场的影响。

《ESG对高收益率的影响》，马丁·弗里德森（Martin Fridson）、姜璐（Lu Jiang）、梅致远（Zhiyuan Mei）和丹尼尔·纳瓦伊（Daniel Navaei）[37]

这项2021年的研究通过检验ESG指数的复合因子（也被称为潜伏变量）的构成，例如可能影响其分析的加权平均信用评级和久期的差异，进而得出相关研究结果。在他们的研究结果中，值得注意的是，穆迪和标准普尔在2015年年底宣布，它们将在确定信用评级时更明确地考虑ESG维度。因此，在其他条件相同的情况下，ESG评级较低的公司的信用评级将较低。

以下是他们的研究结果摘要：

- 与评级机构一样，市场对ESG投资组合的评级高于标准

All HY 指数——期权调整价差（OAS）较低（见表 6.3）。

表 6.3 久期、期限与期权调整的利差

指数	平均久期（年）	有效久期（年）	OAS（基点）
传统类别			
All HY	6.35	4.20	644
BB	8.08	4.64	469
ESG			
ESG 倾斜	6.43	4.19	560
匹配期限的 ESG 倾斜	6.34	4.20	550
行业最佳	6.01	4.01	620

资料来源：ICE Indices，LLC Data，数据时间 2020 年 6 月 30 日。

- 基于 ESG 的高收益指数比标准高收益指数具有更高的历史收益、更低的波动性，因此夏普比率更高。然而，这些差异在统计上并不明显。另请注意，BB 指数的表现同样优于 All HY 指数，3 个 ESG 指数的评级高于 All HY 指数但低于 BB 指数（见表 6.4）。

表 6.4 投资组合的月度表现

	均值（%）	标准差（%）	夏普比率
全部月份（42）			
All HY	0.351	2.354	0.09
BB	0.442	2.006	0.15
ESG 倾斜	1.480	1.094	1.23
匹配期限的 ESG 倾斜	1.431	1.069	1.22
ESG 行业最佳	0.366	2.220	0.12

续表

	均值（%）	标准差（%）	夏普比率
价格上涨的月份（22）			
All HY	1.663	1.250	1.22
ESG 倾斜	1.480	1.094	1.23
匹配期限的 ESG 倾斜	1.431	1.069	1.22
ESG 行业最佳	1.619	1.155	1.29
价格下跌的月份（20）			
All HY	−0.842	2.558	−0.38
ESG 倾斜	−0.599	2.059	−0.36
匹配期限的 ESG 倾斜	−0.580	2.057	−0.35
ESG 行业最佳	−0.732	2.428	−0.36

资料来源：ICE Indices，LLC Data，数据时间为 2020 年 6 月 30 日。

- 低迷市场中，ESG 导向型基金提供了优越的下行保护，可以用两个重要复合因子来解释：基于 ESG 的高收益率债券指数中，能源债券和低评级债券的权重偏低，ESG 指数优越的下行保护主要来自成分特征，这些特征仅是根据有利 ESG 得分选择问题的副作用。
- 在洲际交易所美国银行美国高收益率指数（ICE BofA US High Yield Index）出现负收益的几个月里，ESG 指数的总收益超过了该指数，尽管在统计上这一优势微不足道。
- 没有证据表明，高收益投资者可以通过集中投资非争议的军工公司债券来获得更好的下行保护——因为参与其中的发行人债券收益率高于那些没有参与的发行人的债券。
- 在债券收益率较高的熊市中，与其他公司相比，ESG 得分较高的能源公司能提供更好下行保护的倾向并不明显。

作者得出结论:"就高收益率的债券而言,我们的研究结果不支持一些 ESG 支持者的论点,即具有良好 ESG 评级可以提高投资业绩。"但另一方面,ESG 投资者也不需要"支付罚款",并不会因为在投资中表达价值观而获得较低的风险调整后收益。

《绿色溢价在哪里?》,大卫·拉克尔(David Larcker)和爱德华·沃茨(Edward Watts)[38]

这项研究将检验 ESG 在政府债券市场是否存在同样的影响。作者的研究专注于美国的政府债券市场。绿色债券提供与非绿色债券相同的信用保护,两者之间的唯一区别在于,出售绿色债券的收益被分配用于资助环保项目(例如可持续水资源管理和能源生产)。因此,证券定价的任何差异都可以归因于投资者对可持续性特征的偏好,而不是对未来现金流或风险的预期差异。

使用政府债券的另一个好处在于美国政府债券的平均发行规模仅为 500 万美元左右,而美国公司债券的发行规模约为 4 亿美元。作者指出:"由于绿色债券的规模很小,绿色投资者有充足的机会成为边际交易者,而这对较大的发行规模往往不现实,因为绿色投资者可能没有足够的能力购买。这意味着重视绿色投资效用、愿意交易债券以提供绿色资金的投资者很可能是设定债券价格的边际交易者。因此,我们有充分的理由相信,政府债券市场是我们最有可能找到绿色投资的环境(如果它真的存在)。"他们的数据样本由发行主体、发行时间、久期和评级相同的 640 对绿色和非绿色债券组成,时间区间是 2013 年 6 月至 2018 年 7 月。

以下是他们的研究结果摘要：

- 绿色和非绿色债券之间的收益率（和利差）存在微不足道的差异，约为 0.45 个基点，表明绿色债券存在轻微折价。
- 在大约 85% 的匹配案例中，差异收益率正好为零。此外，在其余 15% 的债券中，约 40% 表现出负差异（绿色债券溢价），而另外 60% 则表现了正差异（绿色债券折价）。此外，目前并没有理论表明绿色债券应该折价交易。
- 发行规模与发行溢价之间没有关系。
- 绿色债券与市场流动性之间没有明显关联，且这并非"漂绿"引起的。
- 在其他条件相同的情况下，发行绿色债券的承销成本比非绿色债券高出约 10%。然而，在 70% 的情况下，差异为零，这表明在大多数情况下，承销商对绿色和非绿色债券一视同仁。
- 发行绿色债券确实有助于在一定程度上扩大发行人的投资者基本盘——绿色发行的所有权集中度降低了 12%~20%。
- 平均而言，绿色债券的信用质量大约高出一个档次，这可能反映了较富裕的城市对环境可持续发展的偏好。

因此作者得出结论："强有力的证据表明投资者不愿意牺牲回报来支持环保项目，因此债券的绿色溢价几乎为零。"他们补充说："至少在政府债券市场，有证据表明，投资者的可持续性投资偏好不太可能推动一些先前文献中发现的资产定价差异。"然而，他们也补充说："虽然目前不存在，但随着市场的成熟，绿色溢价可能会出现。"

《温室气体排放和预期收益》，戴伟（Wei Dai）和菲利普·迈耶－布劳恩斯（Philipp Meyer-Brauns）[39]

我们现在转向研究温室气体排放对预期股票和债券收益的影响。戴伟和菲利普·迈耶－布劳恩斯研究了公司层面的温室气体排放，与公司财务情况以及2009—2018年美国公司股票和债券的预期收益之间的关系。他们首先指出："正如投资者寻求将此类环境因子纳入其投资决策，因此了解环境特征对公司业绩和证券收益的潜在影响非常重要。"他们补充说："一只股票的当前市场价值反映了投资者对未来现金流量的预期，并将预期收益折现。一家公司的环境状况可能会影响其预期现金流，这似乎是合理的。"两位作者不仅在独立的基础上研究了公司温室气体排放对股票收益的影响，而且还控制了市值和相对价格等价格变量以及盈利能力等现金流变量，这与估值理论一致，是已知与预期股票收益有关的可靠信息。

以下是他们研究结果的摘要：

- 排放强度、排放水平或碳排放的变化都没有提供超出当前盈利能力所包含的额外信息。
- 在控制了预期股票收益的已知驱动因素（如市值、相对价格和盈利能力）后，几乎没有证据表明这些排放指标与股票的预期收益可靠相关。
- 没有可靠证据支持发行人的排放指标是债券预期收益的额外驱动因素。

作者总结道:"我们的结果提供了进一步的证据,表明价格可以迅速纳入信息并反映市场参与者的总体预期,包括有关公司环境相关风险和机遇的信息。"他们补充说:"我们的结果表明,投资者可以在不损害合理投资原则的情况下追求环境目标。"

私人影响力投资的回报

《影响力投资》,布拉德·巴伯(Brad M. Barber)、阿代尔·莫尔斯(Adair Morse)和安田绫子(Ayako Yasuda)[40]

在完成对 ESG 和 SRI 投资策略研究的梳理之后,我们最后将关注影响力投资。

本文作者将他们的研究重点放在风险投资(VC)和成长型股权基金上,这些基金的结构类似于传统的私募股权基金,但其目标是影响力投资——产生积极的社会或环境回报和正的财务回报。

利用另类投资数据提供商 Preqin 的数据,他们构建了 1995 年至 2014 年约 3 500 名投资者的 24 000 项投资样本。在其中 4 659 只基金(包括传统 VC 和影响力 VC 基金)中,他们使用严格的标准将 159 只基金认定为影响力基金,即基金必须在其动机中陈述双重目标。此后,他们梳理了 6 个影响类别:环境影响(28%)、少数族裔和妇女资助(11%)、扶贫(43%)、社会基础设施发展(例如健康、教育和主流基础设施)(16%)、小型和中型企业(SMEs)基金(42%)、重点区域发展(特定区域的就业创造和经济发展基金)(33%)。

以下是他们的研究结果摘要：

- 传统基金的内部收益率（IRR）均值和中位数分别为11.6%和7.4%，而影响力投资基金的IRR均值和中位数分别为3.7%和6.4%。价值乘数和市场估值也出现了相同的情况。控制基金特征后，影响力投资基金的财务收益比传统风险投资基金低4.7个百分点。
- 从2000年起，传统基金和影响力投资基金的IRR标准差分别为16.8%和14.7%。
- 在随机的效用/支付意愿（WTP）模型中，投资者能够接受影响力投资基金的IRR相对低于传统基金2.5~3.7个百分点。
- 国际发展机构、养老基金、欧洲基金和UN PRI签署方对影响力投资的支付意愿很高。
- 美国金融机构（银行和保险公司）的WTP较高，这可能反映了它们投资当地社区的动机——遵守《社区再投资法》（CRA）并获得当地社区或监管机构的认可。
- 使命驱动的国际发展机构和基金会具有3.4~6.2个百分点的正WTP。
- 政治或监管压力与2.3~3.3个百分点的WTP正相关。
- 那些受到法律限制（如美国《雇员退休收入保障法》）的人具有较低的WTP。
- 侧重于环境影响、扶贫、少数族裔和妇女资助的影响力投资基金产生了最高的WTP。相反，专注于中小型企业和社会基础设施（如卫生、教育和主流基础设施）的影响力投资基金并没有产生与传统风险投资基金显著不同的WTP。

他们总结道:"我们的研究结果提供了令人信服的证据,表明投资者愿意为投资的非公司特征付费。"他们指出,这与研究结论一致,即相较其他基金,SRI基金的资金流对业绩更不敏感。他们补充道:"这一结果表明,尽管在标准效用模型中,资本配置决策不出意料地受到财富最大化的关键风险—回报权衡的制约,但也受到人们所做投资的现实后果的影响。"

总结

虽然可持续投资日益受到欢迎,但经济学理论表明,如果足够大比例的投资者选择回避可持续发展评级低的公司的股票,这些公司的股价将受到抑制。因此,他们将获得更高的预期收益(一些投资者可能会将其视为买入"冒犯性"公司的情感成本补偿)。有了这些知识,投资者就能够以符合其价值观的方式追求其财务目标,且对这一过程的成本乐于接受。总而言之,有证据表明,希望通过SRI表达自己观点的部分投资者可能会以较低预期收益的形式付出代价。因为部分筛选策略,如简单剔除罪恶股票,可能会导致较低的收益。

另一方面,还有其他筛选策略可以带来更高的收益(例如盈利能力)或降低尾部风险因子。还有一些证据表明,投资者低估了可持续发展得分最差的公司的风险。后两个问题表明,可持续投资策略有可能让投资者创建一个有效的投资组合——接受较低的原始收益，同时收获降低风险的益处。

降低风险，尤其是尾部风险非常重要，例如：声誉风险（如大众"柴油门"丑闻）、人力资本风险、诉讼风险（如太平洋电力公司对加利福尼亚野火的法律赔偿超过100亿美元，英国石油公司对深水地平线灾难的赔偿超过180亿美元）、监管风险、腐败风险和气候风险[41]。这些风险中的每一个都可能影响公司的股价、资本成本，从而影响公司的竞争优势。

埃米尔汉·伊尔汗（Emirhan Ilhan）、撒迦利亚·索特纳（Zacharias Sautner）和格里戈里·维尔科夫（Grigory Vilkov）在他们的论文《碳尾部风险》中证实了这一点，并发现"强有力的证据表明，气候政策的不确定性已在期权市场定价"，而且对于公司而言，针对下行尾部风险的期权保护成本更高。[42]

段廷华（Tinghua Duan）、弗兰克·李（Frank Li）和闻权（Quan Wen）在他们的研究论文《企业债券收益的横截面是否对碳风险进行定价？》中提到，高碳排放公司的债券的平均风险比低碳排放债券更高，这从更高的债券市场贝塔、下行风险、更高的流动性和更低的信用评级可以体现。他们在未来也有更多的负现金流意外和恶化的信用度。[43]低碳排放债券在降低风险方面的收益抵消了较低的原始收益，产生了类似的风险调整后收益。此外，有证据表明，如果ESG投资者愿意将其投资组合倾斜到那些资本成本更高、可持续发展表现优异的公司，他们就可以"得到蛋糕（获得更高的预期收益）并享受美味（表达他们的社会观点）"。

2021年的论文《可持续系统信用》的作者彼得·迪普

(Peter Diep)、卢卡斯·波莫斯基(Lukasz Pomorski)和斯科特·理查森(Scott Richardson)表明,以上结论在公司债券市场和股票市场中都是正确的。[44]他们发现纳入 ESG 目标只会导致模式失真(就预期收益和更高跟踪误差而言)。因此他们得出结论:"目前,在不丧失投资组合吸引力的情况下,改善 ESG 和碳排放表现是显著可行的。"

同样需要注意的是,ESG 溢价是随时间变化的。对 ESG 投资的需求增加,导致 ESG 评级高的股票相对于评级低的股票估值不断上升,产生短期资本收益和模糊预期的负溢价。然而,短期收益可能是以较低的长期预期收益为代价的。因此,由于 ESG 投资的长期趋势仍大概率持续,ESG 投资者通过投资表达社会观点所付出的代价,即较低的预期收益,可能会被持续上升的绿色股票估值抵消,进而给 ESG 投资者带来不错的回报。

鉴于该结论,投资者应了解拉维·班萨尔(Ravi Bansal)、吴迪(Di Wu)和阿米尔·亚龙(Amir Yaron)在 2019 年的论文《对社会负责的投资是奢侈品吗?》[45]。他们得出结论:"绿色股票在繁荣时期的表现优于棕色股票,但在衰退时期表现不佳。"他们认为:"绿色股票与奢侈品相似,因为当经济表现良好时,它们的需求量会更高,因此财务问题影响较小。"这与财富依赖型投资者的偏好相一致,经济繁荣时期(当风险厌恶程度较低时)对 ESG 更有利,从而导致对 ESG 的临时需求增加。这类似于对奢侈品需求的变化。因此,我们可以看到随时间变化的偏好如何导致绿色股票在某些时期表现出色,即使它们的预期收益较低。它还表明,ESG 投资者面临的风险可能出现在最糟糕的时间,即在劳动力资本也面临风险的熊市。如果你像大多数投资者一样有高风险厌恶情绪,那么在决定投资策略时应考虑 ESG 投资在熊市可能表现不佳的风险。

对投资者来说,如果你要将 ESG 投资作为投资理念的核心,那么在投入资产之前需要进行彻底的尽职调查。尽职调查不仅应包括筛选方法,还应仔细检验因子载荷、行业集中度、国家风险敞口和费用。有时候,你甚至可能很难找到完全符合个人标准的基金。对于那些拥有足够大的可投资资产的投资者,他们有单独管理的账户提供商,将建立单独定制的投资组合(提供税收效率的额外好处)。

我们将以一个重要的提醒结束本章。公司的 ESG 评级起着两个重要作用:它提供了关于公司基本面(风险和收益特征)的重要信息,还可以影响投资者偏好。正如拉塞·赫杰·佩德森(Lasse Heje Pedersen)、肖恩·菲茨吉本斯(Shaun Fitzgibbons)和卢卡斯·波莫斯基在《负责任投资:环境、社会和治理效率边界》一文所解释的那样,每个投资者都应该确定自己的环境、社会、治理效率边界(其偏好的环境、治理水平的最高夏普比率),来评估可持续投资的成本和收益,然后根据该边界构建投资组合。[46] 他们的论文还提供了 ESG 评级何时应积极预测收益(例如,如果市场尚未完全纳入正面的治理评级提供的信息,这表明风险降低),何时应负面预测收益(例如,ESG 分数筛选掉了具有高预期收益的资产)。此外,投资者对 ESG 投资的关注会推进对绿色经济的发展,以牺牲棕色公司为代价提高绿色公司的股价,可持续投资者也可能因此受益。

第六章 可持续投资的业绩表现

第七章
可持续投资者如何改变世界

可持续投资的流行使得其在学界受到的关注急剧增加。在第六章，我们回顾了关于可持续投资如何影响投资组合的预期风险和回报的研究结果。在本章中，我们将探讨关于可持续投资如何影响公司、员工和世界的学术研究。

可持续投资使公司变得更好

学术研究发现，积极响应 ESG 原则的公司融资成本更低、估值更高，并且不易受到系统性风险的影响。在第一章中，我们说明了可持续投资涵盖了许多不同的投资方法，涉及 3 个主要领域，每个领域都有自己的主要目标：

1. ESG 投资：改善投资组合的风险收益特征。
2. SRI：使投资组合与投资者的道德信念保持一致。
3. 影响力投资：利用资本促进社会或环境方面的变革。

在第六章，我们了解到该研究产生了一些不一致的结果，ESG 与财务绩效之间可能存在正相关、负相关和不相关性。不确定的结果可能源于 3 种不同的解释路径，即使用的基础 ESG 数据的差异、应用的方法不同（尤其是在它们控制常见因子敞口的情况下），以及对 ESG 投资需求的增加导致的相对于 ESG 得分低的股票，ESG 得分高的股票估值上升。现金流的增加有两个影响：首先，它们会带来短期的资本收益，但最终，更高的估值意味着投资者对长期回报的预期会更低。

《ESG 投资的基础：ESG 如何影响股票估值、风险和绩效》，圭多·吉斯（Guido Giese）、琳达－艾玲·李（Linda-Eling Lee）、迪米特里斯·梅拉斯（Dimitris Melas）、佐尔坦·纳吉（Zoltán Nagy）和劳拉·西川（Laura Nishikawa）[1]

为了解决这些问题，这项 2019 年研究的作者首先指出，先前研究的一个限制是它未能区分相关性和因果关系："通常，ESG 和财务变量之间的相关性被暗示为 ESG 是原因，财务价值是结果，不过传导逻辑也很容易反转。"因此，他们采取了不同的方法："我们并非简单地在历史数据中寻找 ESG 特征与财务绩效之间的相关性，而是先分析 ESG 到财务绩效的传导渠道，并从根本上了解 ESG 特征如何影响公司的估值和风险概况。之后，我们使用实证分析验证这些传导机制。"他们的方法提供了 3 个好处：

1. 降低了挖掘 ESG 数据与财务业绩数据关联时的风险。
2. 降低了发现由无意中暴露于共同因子引起的相关性的风险。
3. 通过研究传导机制，更好地区分相关性和因果性。

作者解释说，他们的分析旨在帮助解释 ESG 如何从根本上影响公司的财务状况——通过检验贴现现金流模型中发现的传导机制，特别是现金流、风险、估值和 ESG 评分之间关系的机制——从而比简单的相关性研究提供更令人信服的证据。

他们试图回答以下 5 个问题：

1. 是否有令人信服的现金流证据？

他们的研究发现，ESG 表现更优秀的公司更具竞争力，因为它们更有效地利用资源，更擅长积累人力资本，更具管理创新，具有更好的长期规划，并且对高级管理人员有更好的激励。这将产生超额回报、更高的盈利能力和最终更高的股息。ESG 评分最高的公司比 ESG 评分最低的公司更具营利性，股息也更高。这些结论解释了现金流通路的经济学原理，见图 7.1。

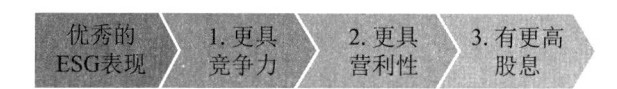

优秀的 ESG 表现 → 1.更具竞争力 → 2.更具营利性 → 3.有更高股息

图 7.1　ESG 的现金流通路经济学原理

2. ESG 得分高的公司在管理业务和运营风险（个股尾部风险）方面做得如何？

结果表明，ESG 得分高的公司具有更好的风险管理和合规标准，从而减少了欺诈、腐败和诉讼等极端事件（及其负面影响）。因此，相对于最低 ESG 评分公司，高 ESG 评分公司的尾部风险减少。得分最高的 ESG 公司也具有较低的个股风险。研究表明，个股风险较高的公司产生的回报较低。以上研究结果为风险通路提供了经济学原理依据，见图 7.2。

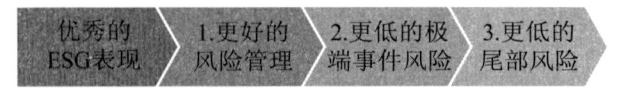

优秀的 ESG 表现 → 1.更好的风险管理 → 2.更低的极端事件风险 → 3.更低的尾部风险

图 7.2　ESG 的风险通路经济学原理

3. 强烈的 ESG 特征是否会带来更高的估值？

估值通路受公司的系统性风险敞口支配。与低 ESG 评分的公司相比，高评分的公司受到市场冲击的影响较小，并且最近 5 年的收益波动性较低。因此，它们的贝塔值较低。较低的贝塔值会导致较高的估值（例如较低的账面市值比和较高的市盈率），从而降低融资成本并最终降低预期回报。这些研究结果则解释了估值通路的经济学原理，见图 7.3。

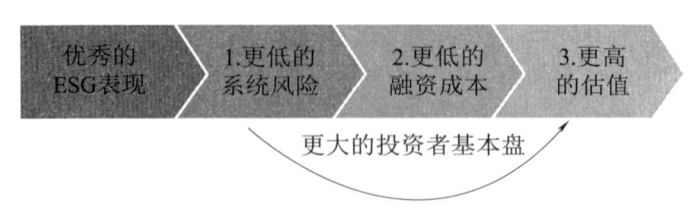

优秀的 ESG 表现 → 1.更低的系统风险 → 2.更低的融资成本 → 3.更高的估值
更大的投资者基本盘

图 7.3　ESG 的估值通路经济学原理

从较低系统风险到较高估值的传导通路，也可以通过投资者基本盘的规模变化来解释。由于投资者偏好（许多规避风险的投资者和具有社会意识的投资者避免接触 ESG 评分低的公司）和信息不对称（ESG 表现更佳的公司与其投资者之间信息不对称的问题较少，因为 ESG 评分高的公司通常更透明，特别是在其风险暴露、风险管理和治理标准方面），相较高 ESG 评分的公司，ESG 评分较低的公司的投资者基本盘显然相对较小。

4. 因果关系如何？

较高的 ESG 评分会导致较高的估值，还是较高的估值会导致较高的 ESG 评分？本研究认为，这是"鸡生蛋还是蛋生鸡"的问题。作者解释说："ESG 评分更高的公司往往可以通过更低的系统风险和更低的融资成本带来更高的估值。换个角度思考，更高的估值也可能表明成功的公司有更多资金投资于可持续发展相关领域，从而获得更高的 ESG 评分。"

本论文作者进一步解释了背后的经济学原理：

- ESG 状况改善意味着公司变得不那么容易受到系统性风险的影响。
- 降低系统性风险可以降低公司的融资成本，融资成本的降低导致估值的提高。

他们对三项因果关系——分别与 ESG 评分下降、ESG 评分上升和没有变化的相关性——进行了检验，即共同因子风险的波动性变化、贝塔的变化和估值的变化——分别与 ESG 评分下降、ESG 评分上升和没有变化的相关性。在 ESG 评分发生变化后的 3 年内观察到财务变量的变化。与中性或降级公司相比，ESG 评分的上调与公司系统性风险概况的下降和贝塔系数的下降有关。以市盈率的相对变化来衡量估值会发现，ESG 评分的上调则与估值的上升有关。值得注意的是，评级上调的事件频率低于评分下调。因此，ESG 评分变化对于投资者或可成为判断个股风险的前瞻指标。

5. 鉴于因果关系测试的结果，ESG 评分最高和最低的公司之间的 ESG 评分变化和未来回报表现之间是否存在联系？

该研究使用的数据库是 MSCI 世界指数领域的 MSCI ESG 评级，涵盖 2007 年 1 月至 2017 年 5 月的时间区间。该领域包含 1 600 多只股票。所有风险和因素计算均使用巴拉长期全球股票模型（Barra Long-Term Global Equity Model，简写为 GEM LT）进行。他们的结果因行业风险（通过使用行业调整后的 ESG 分数）和规模而被中和。

ESG 评分的提高（ESG 动量）导致估值提高（融资成本降低）和特定风险（尾部风险）的降低，表明 ESG 动量可以成为投资超额收益的来源。他们引用的研究表明："显示出 ESG 评分提高趋势的公司，其股票表现显著优于基准，并且也优于向高 ESG 评分公司倾斜的可比投资组合。"作者总结道："ESG 动量本身就是一个有用的金融指标，可以在指数或投资组合构建方法中与实际 ESG 评分一起使用。"

通过创建传导机制，几位作者为我们提供了清晰直观的解释，说明 ESG 如何通过其系统风险敞口（较低的融资成本和较高的估值）和个股风险敞口（较高的利润和较低的尾部风险暴露），影响公司的估值和绩效。

在可持续投资的大势下，以上实证观察已经引起了上市公司和投资机构的注意。

上市公司的觉醒

2019 年 8 月，代表近 200 名美国最大企业首席执行官的商业圆桌会议宣布结束股东至上的宗旨，并呼吁重新界定企业的角色，这表明许多企业将可持续发展放在了重要的战略地位。此外，贝莱德首席执行官拉里·芬克于 2020 年 1 月致函投资者，详细介绍了他将 ESG 纳入新的投资标准的计划。他的宣布无疑受到了以下事实的影响：现在在美国，由专业资产机构所管理的资产中有 1/3 采用了 ESG 投资方法，在欧洲的占比则为 1/2。

必须认识到的是，ESG 投资的普及影响了公司的融资成本。由于 ESG 投资者青睐 ESG 评分高的公司，而避开 ESG 评分低的公司，因此 ESG 评分较低的公司往往会有较高的融资成本，使其处于竞争劣势。此外，ESG 投资普及的一个积极结果是，它促使公司专注于提高 ESG 评级，以降低融资成本吸引更多资金。

此外，正如我们即将讨论的，提高 ESG 分数也会提高员工满意度。

企业可持续发展、股票回报和员工满意度

《高能力经理是否选择创造股东价值的 ESG 项目？——来自员工意见的证据》，凯尔·韦尔奇（Kyle Welch）和尹亚伦[2]

在这项 2021 年的研究中，两位作者检验了 ESG 与员工满意度相结合是否可以提高企业价值。他们首先指出，之前的研究，包括 2018 年的研究论文《众包雇主综述和股票回报》[3] 发现，众包雇主评级改善的企业表现显著优于评级下降的企业。因此，它们是企业价值的重要决定因素。

作者假设："企业的 ESG 参与可能会向员工传递一种使命感

并激励他们。此外，受激励的员工会更具生产力，这可能会提高企业价值。在这种情况下，ESG 与员工满意度相结合可能会提升企业价值，超过单纯员工满意度的影响。"

他们的数据来自 MSCI 的 ESG 评级和 Glassdoor 的员工满意度，时间区间为 2011 年至 2018 年。回报以法马－弗伦奇五因子模型为基准（市场风险、市值风险、账面市值比风险、盈利水平风险、投资水平风险）。

以下是他们研究结果的摘要：

- 在 ESG 和员工满意度方面均获得高评分的公司的表现，明显优于在这两个方面均获得低评分的公司，同时也明显优于仅员工满意度评分高的公司。
- 当 ESG 评分是唯一信号时，多/空投资组合中没有实际的阿尔法。
- 使用员工满意度作为创建投资组合的唯一信号，多/空投资组合产生了 2.4% 的年度等权和价值加权阿尔法。
- 按四分位排名，ESG 和员工满意度评分较高的公司的等权和价值加权投资组合的表现，分别显著优于评分较低的公司股票投资组合 5.6 个百分点和 5.8 个百分点。
- ESG 和员工满意度评分均较高的公司的等权（和价值加权）组合比 ESG 评分低、员工满意度评分高的公司高 2.8%，比 ESG 评分高、员工满意度评分低的公司高 5.6%。
- 等权和价值加权长期投资组合（那些 ESG 和员工满意度评分高的公司），分别比仅 ESG 评分高的公司投资组合高出 3.5% 和 3.3%。

可持续投资

- 等权（和价值加权）长期投资组合的表现，比仅员工满意度评分高的投资组合高出 1.6%。
- 该研究的结论也适用于另类因子模型、不同子样本或子周期以及另类投资组合构建规则。
- 从不同的周期来看，在 ESG 和员工满意度方面表现较好的公司未来会获得卓越的销售业绩增长和股本回报。

作者指出："我们的研究主要关注的是企业的社会投资而非环境和治理相关投资。"他们还明确提示道："虽然企业的社会投资回报证明了我们的结论，但投资者依旧应保持谨慎，我们并没有声称 ESG 会直接提升员工满意度，并带来公司增值。确切地说，我们发现的是，在 ESG 和员工满意度均评分高的公司组合显著优于仅员工满意度评分高的公司，这表明员工满意度评分或许是 ESG 提升股东价值的重要条件之一。"

作者进一步得出结论："ESG 之于股东价值的作用，对员工满意度之于股东价值的作用是有助力的。"他们补充道："总体而言，结果表明，ESG 与员工满意度相结合可以提高股东价值，这些因素不仅对将 ESG 因子纳入其投资策略的资产管理者有好处，对实施 ESG 活动的上市公司也有影响。"

作者证明，员工满意度可能是使 ESG 活动更好地提升公司价值的条件。他们的研究结果表明，ESG 与员工满意度相结合或许是预测股票回报的有效信号。这一发现对于将 ESG 整合到投资组合管理中的资产管理人来说具有重要意义。

我们有进一步的证据表明，ESG 投资者正在创造社会效益。卢博斯·帕斯托、罗伯特·斯坦博和卢西安·泰勒是 2019 年的研究论文《均衡中的可持续投资》[4]的作者，他们发现可持续投资通过对资产价格的影响带来积极的社会影响。通过推高绿色资产价格（降低融资成本）和压低棕色资产价格（提高融资成本），投资者对绿色资产的偏好会导致绿色公司的投资增加，而棕色公司的投资减少。投资者越关注ESG，积极的社会影响就越大。

ESG评级的动量和表现

《可持续投资——探索阿尔法、ESG和可持续发展目标之间的联系》，玛德琳·安东尼奇（Madelyn Antoncic）、吉尔特·贝卡尔特（Geert Bekaert）、理查德·罗滕伯格（Richard Rothenberg）和米克尔·诺格尔（Miquel Noguer）[5]

这项2020年的研究进一步证明了，可持续投资者如何影响公司的行动——以更高的估值奖励那些获得更高ESG评分的公司。

作者首先指出："SDG（可持续发展目标）比ESG更广泛，重点关注良好的健康和福祉、消除贫困、零饥饿、优质教育、清洁水和卫生设施、减少不平等，以及ESG中包含的其他环境和社会问题。最重要的是，可持续发展目标要求不让任何人掉队。"他们补充说："利用其资金分配者的角色，资产所有者可以从SDG投资战略的视角，确保企业坚持以更长期的视角行动，从而支持可持续发展的各个方面。"

作者探讨了"创建一个积极投资组合的可能性"，这个组合"能够实现与ESG投资相关的目标但仍能产生阿尔法并契合信托责任"。他们指出，通过将ESG纳入投资流程，ESG本身也许会成为风险因素，但这种因素不太可能与正风险溢价相关联，"如果ESG公司设法通过ESG行动降低其资本成本，或通过避免某些风险来增加未来现金流，具有良好ESG表现的公司将比ESG表现较差的类似公司获得更高的估值。可以想象，这样的估值溢价应该与未来较低的回报相关联，并可能与机构投资者的信托责任发生冲突"。

作者还研究了SDG对积极投资组合的影响。以MSCI美国指数为基准，从该指数中的640余只成分股中，他们参考MSCI ESG评级数据（通过积极的ESG动量衡量ESG绩效）选取了约50只股票的活跃投资组合，并跟踪其相对于指数基准的业绩表现。这一理念类似于股票中的基本面动量研究。例如，罗伯特·诺维-马克斯（Robert Novy-Marx）在其2015年的研究论文《从根本上说，动量是基本面的动量》[6]证明，近期公布获得强劲收益的公司股票未来往往会跑赢大盘。

他们研究的数据样本时间区间是2013—2018年。每年年底，作者对11个全球行业分类标准（Global Industry Classification Standard，简写为GICS）行业的股票进行绝对和相对ESG动量排名，选出其中10%排名最高的股票。这些股票被持有1年后，投资组合进行再平衡。每个行业内的股票以及行业投资组合本身都是市值加权的。他们发现，ESG动量投资组合的相对和绝对业绩表现均优于指数。具体而言，相对动量投资组合产生了非常显著的法马-弗伦奇三因子模型阿尔法，每年5.6%，并且补充投资水平和盈利能力这两个因子后并没有改变这个结论。

在因子载荷方面，作者发现，市值规模和账面市值比载荷统计量几乎显著为 0。在五因子模型中，投资水平因子（CMA）敞口统计量几乎显著为负。负 CMA 敞口表明 ESG 投资组合包括具有激进投资策略的公司，这些策略通常与低未来回报相关。虽然相对动量投资组合的阿尔法与零有显著差异，但绝对 ESG 动量投资组合的阿尔法为正且不再具有统计学意义。绝对 ESG 动量组合的因子敞口与相对 ESG 动量组合的因子敞口非常相似。

根据 Global AI 公司的数据，作者随后测量了该积极投资组合相对于基准的 SDG 影响："Global AI 公司使用最先进的大数据技术来检验一整套非结构化数据，包括新闻文章、自我报告的公司数据、博客、非政府组织报告和社交媒体，并在公司层面创建每日 SDG 分数。单个 SDG 指标的分数也可以获得（17 项 SDG 中的每一项都有公司评分，以及整个公司层面上的 SDG 评级），Global AI 称之为 z 评分，反映了某公司近期公告中对 SDG 指标的相关信息。"

作者指出："SDG 足迹可以显示公司如何对可持续发展目标产生积极或消极的影响，并揭示隐藏的风险。这激励了上市公司量化和增加其 SDG 贡献和提高评分，以便更好地吸引管理万亿美元资产的可持续投资机构。"

作者发现："ESG 投资组合显示出比基准更好的可持续发展足迹，并持续至少一年。"他们证明，至少在研究的相对较短时间内，积极 ESG 相对动量投资组合的表现显著优于基准指数，并且在法马－弗伦奇三因子模型和五因子模型下，表现持续良好，这给 ESG 投资者带来了希望，投资者不必为在投资组合中表达自己的价值观而付出代价。他们还表明，公司有动机提高其 ESG 评分，使自己对投资者更有吸引力，从而降低融资成本。

以上的积极结论固然可喜，但请记住，ESG 动量也可能影响估值。更多的资金流正在创造 ESG 估值溢价，而这可能与未来较低的回报率相关。他们表示，短期内，现金流正在创造有利于 ESG 评分较高的公司的估值趋势。

ESG 投资者的环境影响

2014 年到 2018 年，可持续投资占美国专业管理资产的比例从 18% 增长到 26%，总额达到 12 万亿美元。同期纳斯达克、美国证券交易所和纽约证券交易所上市企业的平均碳密集度减少约 30%。企业温室气体排放量的下降趋势，可能部分来自绿色投资者施加的压力，他们减持或排除了碳密集度最高的公司，从而抬高了其融资成本。

《环境影响投资》，蒂齐亚诺·德·安吉利斯（Tiziano De Angelis）、彼得·坦科夫（Peter Tankov）和大卫·泽比布（David Zerbib）[7]

这项 2020 年的研究调查了，绿色投资是否会推动公司减少温室气体排放，如果是的话，具体哪些因素会导致公司调整排放量。该论文数据样本涵盖了截至 2018 年 12 月投资于美国股票的 348 只绿色基金及其在 2007—2018 年的持股情况。

以下是他们的研究结果摘要：

- 绿色投资者对环境的严格要求，促使公司通过提高资本成本来减少温室气体排放。如果减排成本低并且绿色投资者的占比高且要求严格，上市公司会更倾向于付诸行动。例如，由于部分领先企业可以将煤炭行业的巨大负外部性内部化，与公用事业行业整体相比，绿色投资使得煤炭行业的回报率每年增加 1.7%。这一发现与先前的研究一致，即高污染公司的正溢价会提升其股票回报。

- 由于绿色投资者内部化对其财务估值的负面影响，上市公司被激励通过采用碳密集度较低的技术来减少排放进而降低资本成本。例如，当绿色投资的比例从 25% 增长至 50% 时，这家上市公司的碳密集度在 1 年内下降了 5%。

这些发现对 ESG 投资者来说是个好消息，因为这表明他们的行动正在减少排放，这正是他们的目标之一。这里有更多好消息。

投资者正在回应基金的气候责任排名

2015 年的《巴黎协定》认为，金融是帮助经济体成功向低碳经济过渡的重要因素。为了实现这一目标，政府希望强制提高资本市场的气候信息披露水平。例如，2018 年 3 月，欧盟委员会通过了可持续金融行动计划，提议引入欧盟范围内通用的生态标签，以帮助个人投资者挑选符合其可持续投资偏好的产品。

2018 年 4 月，晨星公司为公募基金推出了一个生态标签，即低碳认证（Low Carbon Designation，简写为 LCD）。获得 LCD，公募基金必须符合以下两个标准：

- 近 12 个月的投资组合碳风险平均得分须低于 10 分（满分 100 分）。
- 近 12 个月的平均化石燃料采用率须低于 7%。

具体而言，投资组合碳风险评分仅适用部分基金，这些基金至少 67% 的资产需要获得 Sustainalytics 的碳风险评级，才能参与申请 LCD。可喜的是，截至 2018 年 4 月，近 12 个月的投资组合碳风险评分低于 10 分的基金占比 29%，而近 12 个月平均化石燃料采用率低于 7% 的基金在全球股票类基金中占比 33%。

《当投资者呼吁承担气候责任时，公募基金如何应对？》，马可·切卡雷利（Marco Ceccarelli）、斯特凡诺·拉梅利（Stefano Ramelli）和亚历山大·瓦格纳（Alexander Wagner）[8]

这项 2019 年的研究，为可持续投资者的行为提供了证据。作者首先指出，先前的研究已经表明，那些出于非金钱动机进行投资的人对业绩的敏感度相对较小。因此，基金经理，尤其是那些过去表现不佳的基金经理，可能会热衷于吸引具有气候意识的投资者。该研究考察了投资者和基金经理的行为，使用了来自晨星 Direct 的数据库，调研了在欧洲（约 11 000 只）和美国（约 7 000 只）注册的所有开放式基金，包括权益和固定收益基金，时间区间涵盖 2018 年 1 月至 2018 年 12 月。

以下是他们的研究结果的摘要：

- 大约 25% 的欧洲基金和大约 15% 的美国基金获得 LCD。
- 8% 的基金声称为具有社会投资意识，但只有 1/3 的基金获得了 LCD。
- 从 2018 年 5 月到 2018 年 12 月底，获得 LCD 的基金享有的月度资金流入显著高出传统基金 3.1%，欧洲区基金的这一效应则更强（高出 3.7%）。
- 首次发布评级后的季度更新中，重新获得或失去 LCD 的基金也经历了类似的规模流动效应。
- 基金经理会调整他们的投资组合，因为他们预计 LCD 将对资金流动性产生积极影响——与几乎没有获得 LCD 的基金经理相比，能够获得该认证的基金将再平衡其投资组合，转向对气候友好的公司。

作者总结道："我们的研究结果表明，随着投资者呼吁采用具有气候意识的投资产品，金融机构利用它们可以支配的工具来应对这种需求的增长。这些结果具有重要的实际意义，首先，它们提醒公募基金经理注意可持续发展——尤其是气候责任——作为关键竞争优势的重要性。其次，它们向政策制定者表现了基金生态认证的潜在影响，以重新引导资本帮助经济体向低碳经济过渡。"

实践清楚地表明，投资者确实通过基金选择表达了他们的社会偏好。此外，他们的行为会影响公司的资本成本——具有积极属性的公司会获得更多的投资者青睐，从而降低其融资成本。反之亦然——具有负面属性的公司收到的现金流更少，从而提高了它们的融资成本。结果是，具有积极属性的股票可能会在短期内估值上升。

环境监管对公司的影响

《出口污染：跨国公司在哪里排放二氧化碳？》，伊扎克·本－大卫（Itzhak Ben-David）、张怡珍（Yeejin Jang）、斯蒂芬妮·克莱迈尔（Stefanie Kleimeier）和迈克尔·维斯（Michael Viehs）[9]

这项 2020 年的研究表明，可持续投资者正在通过投资表达自己的价值观，进而影响跨国公司的行为。作者研究了 21 世纪头 10 年环境政策对跨国公司在国内外污染活动的影响。结合跨国公司在每个国家的二氧化碳排放量的水平数据和各国一级环境法规和执法的信息，作者评估了国内与国外环境政策对跨国公司污染分配的影响。

该研究的数据集包括 2008—2015 年总部位于 48 个国家的 1 970 家大型跨国上市公司及其在 218 个国家的二氧化碳排放量。

他们首先指出："随着气候变化迹象日益明显，全球各国都在采取行动，但其环境政策的严格程度大相径庭。各国法规的多样性和缺乏协调可能导致'碳泄漏'，这意味着公司根据现有的环境政策策略性地决定其生产地点。"

以下是他们调查结果的摘要：

- 随着时间的推移，环境监管得到了普遍改善。然而，在几个庞大的地区，尤其是在非洲、南美和亚洲的发展中国家，监管仍然较为薄弱。
- 总部设在环境政策严格的国家的公司，倾向在政策力度相对较弱的国家开展污染活动。
- 这些影响主要是由本国收紧的环境政策推动的，而非出自外国的宽松政策吸引力。本国的政策刺激并推动了跨国公司在国外排放污染物。

- 本国环境政策的严格程度每增加一个标准差,该公司国内的二氧化碳排放量就会减少29%,国外的排放量也会增加43%。这些结果支持了我们的假设,严格的本国环境政策可能导致碳泄漏的问题。
- 尽管总部设在国内环境政策严格的国家的公司更有可能向国外出口污染,但它们在全球范围内排放的二氧化碳总量却较少。因此,国内更严格的环境政策对减少整体污染亦有部分积极的影响。
- 对于治理能力强的公司,严格的污染监管的积极影响更为明显——当母国制定严格的环境政策时,治理良好的公司在国内的排放量减少,向国外出口的排放量也会降低。

作者得出结论:"跨国公司在国外造成污染是因为本国政策收紧,而不是因为国外的污染机会。"跨国公司对严格碳排放政策的响应模式研究,凸显了碳排放监管的全球协作必要性——如果不采取集体行动,在全球拥有生产设施的跨国公司可能会继续通过出口污染从监管套利机会中受益。另外,这些发现表明,严格的国家环境标准可以对遏制企业的全球污染产生积极影响。

他们发现,拥有强大治理能力的公司可以减少国内排放,同时保持国外排放不变,这表明"良好的公司治理代表着该公司拥有强大的股东基础,便于推动企业社会责任议程"。这种关系也有可能是由于部分西方国家的治理能力更强,排放量也更低,因此貌似反映了因果关系。话虽如此,具有良好公司治理和较低排放的公司，会因估值较高得到股东的积极认可（从而降低资本成本，提供竞争优势）。通过这种方式，可持续投资者能够通过投资表达他们的价值观来影响企业行为。

《投资者的社会偏好和可持续投资》，哈希尼·尚克尔（Harshini Shanker）[10]

该论文研究了围绕可持续投资的供求关系的几个问题：

- 可持续投资是少数所谓的社会责任共同基金的专属领域，还是传统基金也优先考虑可持续性？
- 对社会负责的基金组合是否比传统基金组合更具可持续性？
- 市场上的传统投资者是否有社会偏好？
- 他们的偏好是否与重视社会责任感的同行有本质的不同？

为了回答这些问题，作者参考了晨星可持续性评级，该评级适用于 20 000 多只公募基金。晨星为每只基金以从 1 到 5 个"球"打分，其中 5 意味着最具可持续性，倒数 10% 和前 10% 的基金分别获得 1 个和 5 个"球"。如果基金在其招股说明书中声称其非经济投资目标，晨星则将该基金归类为具有社会意识的基金——作者将这些基金定义为社会责任基金。以下是她的研究发现摘要，其中一些似乎相当令人惊讶：

- 即使没有明确的 ESG 目标，不少普通基金也系统地将可持续投资列为优先事项。
- 随着时间的推移，传统基金的可持续性评级效力非常持久，表明它们最终获得高评级并非偶然——它们在有意识地为了可持续发展本身而选择可持续投资。

- 高于平均评级水平的传统基金数量超过了可持续基金的总数，它们管理的资产大约是可持续基金资产总规模的 3.5 倍，因此可持续投资不限于 ESG 基金。
- 只有 27% 的 5 级基金自称社会责任基金。但是，几乎 3/4 的 5 级基金实现可持续性，即使其并未声明确切的社会责任目标。
- 评级为 4 级或 5 级的传统基金，合计管理的资产是社会责任基金所管理资产的 3.5 倍。
- 半数 ESG 基金的评级为 3 级或更低，因此它们的投资组合并不比一般的传统基金组合好。它们中只有 1/4 拥有 5 级的晨星评级。（这可以解释为，许多基金使用 ESG 评级，而不是晨星的评级，而且评级往往存在较大差异。）
- 传统基金的平均评级为 2.8，而社会责任基金的平均评级为 3.5。但获评 4 级或 5 级的优秀传统基金（占比 1/4），可能比一般的社会责任基金更具可持续性。
- 没有证据表明"5 级基金"的业绩表现一定优于"1 级基金"。这一结果在传统基金和社会责任基金两类产品中是一致的。

由于随着时间的推移，评级效力并未减弱，作者排除了评级是暂时或偶然的想法。她得出结论："这些评级不佳的社会责任基金只是伪装如此，且系统地进行了不可持续的投资，换言之，它们正在试图'漂绿'。"显然，在部分情况下，社会责任基

可持续投资

金的投资者有时并没有获得他们期待的东西。

另一方面，作者指出："晨星可持续性评级较高的传统基金往往能为投资者创造正收益。"她还发现："普通投资者也具有强烈的社会偏好。低可持续性评级的传统基金需要提供大约2倍于高评级基金的超额回报，才能享受相同水平的资金流入。"她补充说："虽然传统投资者因其社会属性而奖励高评级基金，但他们不会按比例地惩罚低评级基金。"

关于社会责任投资者对财务业绩的反应，作者指出："在财务业绩低于同行中位数的社会责任基金类别中，社会责任投资者倾向于奖励高评级基金，表明愿意为社会利益而牺牲财务回报。然而，当社会责任基金在财务上表现良好时，评级似乎失去了相关性。证据表明，投资者倾向于相信社会责任基金会兑现承诺，这导致投资者在基金财务表现不佳之前，无法对评级进行全面监控。糟糕的财务业绩引起了人们的密切关注，才使评级问题显得突出，从而使评级排名靠前的基金得到了回报。然而，无论财务表现如何，低评级基金受到的惩罚不及高评级基金受到的惩罚，而且'漂绿'行为在很大程度上仍未受到惩罚。"

这些发现使作者认为，"传统投资者和可持续投资者都重视可持续性，并且对社会绩效的好坏反应均不对称"，社会绩效低下的惩罚程度与社会绩效强的回报程度不同。她发现没有证据表明5级基金的表现优于1级基金，这使她排除了投资者因可持续性可以预测财务业绩，而重视可持续性的可能性。她发现，这些投资是出于"非经济原因"（如个人价值观、社会责任感）。她总结道："投资者对可持续性的需求促使传统基金系统地、持续地践行可持续投资，从数量和规模而言，这类'可持续的'传统基金已经在社会责任基金中占主导地位。"

可持续投资是否会剥夺不可持续的公司的新资本

《可持续投资是否会剥夺不可持续的公司的新资本？》，大卫·波利特兹（David Blitz）、劳伦斯·斯温克尔斯（Laurens Swinkels）和让·安东·范赞滕（Jan Anton van Zanten）[11]

虽然有大量关于可持续投资对投资者回报的影响的研究，但在该研究之前，还没有关于其对公司融资能力影响的研究。三位作者选择研究一级市场（新股和债券发行），是因为二级市场不反映新资本的筹集，只反映现有股份的所有权。他们假设："如果可持续投资能够显著提高不可持续的公司的融资成本，甚至完全阻止它们进入资本市场，那么人们会期望看到这一点反映在一级市场的资本流动中。"因此，他们研究了新资本是否更多地流向可持续发展的公司，而不是不可持续的公司。

他们首先指出，可持续投资的目标是支持可持续发展的公司并伤害不可持续的公司（我们还要补充一点，可持续投资的目标是改造公司），从而激励后者改善其企业行为。他们认为："撤资对目标公司的负面影响听起来很明显，但这种机制实际上并不那么明确。这里的问题是，撤资归结为将自己在股票或债券中的头寸出售给另一位投资者，后者最终持有该头寸。因此，撤资只是所有权从一个投资者转移到另一个投资者，对公司没有直接影响。然而，撤资可能会增加公司的资本成本，从而间接伤害公司。因此，新项目的净现值会降低，从而降低公司扩大业务运营的吸引力。足够大规模的撤资甚至可能归结为抵制，从而有效地阻止公司进入资本市场，严重限制其融资机会，进而限制未来的增长。"

他们的研究涵盖了2010—2019年MSCI全球指数中的所有股票。为了评估哪些公司筹集了新的资金，他们采取了以下定义：如果一家公司的流通股数量在一年中至少增加了10%，他们就将其归类为股票发行人。同样，如果一家公司的债务账面价值在一年中至少增长了10%，他们就会将其归类为债券发行人。股票发行人的数量每年通常在100~150家，而债券发行人通常有200~300家。他们将IPO排除在外（因为除了为新业务活动筹集资金，公司上市的原因还有很多，例如提高公司知名度和宣传、激励管理层和员工、利用错误定价、在某些司法管辖区避税以及私人公司的所有者套现等），同时将债务再融资排除在外（因为它不筹集新资金）。作者使用来自多个机构的广泛指标来识别各种风格的可持续投资，因为不同机构的得分之间的相关性很低。

以下是他们的研究结果摘要：

- 没有证据表明，新资本更多地流向可持续发展而非不可持续发展的公司，因为股票发行人的可持续性概况和碳足迹与普遍情况相似，并且债券发行人的可持续性得分低于全球股票的平均得分。
- 不可持续的公司在公开市场上似乎没有获得资金的问题。
- 这一结果并不因时期的不同而改变——该研究并未观察到可持续性强的公司近年来占据发行的主导地位，2015年签署《巴黎协定》之后亦未曾出现这一趋势。

因此，作者得出结论："我们的结果表明，可持续投资无法直接剥夺不可持续的公司中的新资本。然而，这并没有反驳可持续投资可能阻止此类公司筹集更多资金，也没有否定可持续投资的进一步主流化可能会对资本流动产生更明显的影响。"

我们已经讨论了一系列重要的研究，这些研究表明，随着公司试图通过降低融资成本获得竞争优势，可持续投资者通过投资来表达他们的价值，以积极的方式影响着公司的行为。我们在本章结束时将回顾关于共同基金行业是否言行一致的研究——ESG导向型基金往往声称从优待所有利益相关者（而不是股东至上）的标的中构建组合，但这一说法是否得到了证实？

可持续投资基金是否言行一致

现在我们将继续回顾两项研究，试图回答这个问题：可持续投资基金是否言行一致？

《ESG基金在进行利益相关者友好的投资吗？》，阿尼什·拉古南达（Aneesh Raghunanda）和希瓦拉姆·拉杰戈帕尔（Shivaram Rajgopal）[12]

这篇于2021年发表的论文关注的是，声称ESG导向的公募基金是否真的投资于在消费者、雇员、环境、纳税人和股东方面有更好记录的公司。两位作者根据对每个利益相关者群体的各种行为的衡量标准，评估了公司面向各个利益相关者群体的行为记录。基础的衡量标准为该公司是否遵守相关的社会法律（如劳工或消费者保护法）和环境法律。他们还考虑了一系列与 ESG 有关的、以利益相关者为中心的行为，如碳排放、对纳税人资助的公司补贴的依赖、CEO 薪酬、董事会组成以及管理层和股东之间的权力平衡。

他们的测试围绕 4 种主要类型的利益相关者行为衡量标准：

1. 与公司对环境、员工和消费者的（不当）处理有关的执法记录。
2. 使用碳排放数据衡量的实际绿色程度。
3. 公司治理结构的主要特征。
4. 公司通过依赖补贴和其他形式的监管支持向当地纳税人施加成本的程度。

两位作者还讨论了基金层面的议题，包括管理费和财务业绩回报。

他们将其研究聚焦于兼顾传统基金的金融机构所发行的 ESG 基金。这些金融机构在同一年发行了至少一只非 ESG 基金，作者将 ESG 基金与同一年发行、同一管理机构的非 ESG 基金进行了比较。他们识别了 147 只声称以 ESG 为导向的公募基金（时间区间为 2010 年至 2018 年年底）。此后，他们跟踪了这些基金所持有的股票相对于同年由同一机构管理的 2 428 只非 ESG 基金所持股票的相关行为。

以下是他们研究结果的摘要：

- 与同年由同一机构管理的非 ESG 基金相比，ESG 基金的投资组合在遵守劳动法和环境法方面的记录较差——ESG基金的持仓公司违反法律的罚款金额更高。

- 相对于同年同一资产管理公司提供的其他基金，ESG基金持有的上市公司更可能自愿披露碳排放表现，但可能也持有每单位收入碳排放较高的股票。平均而言，ESG基金的投资组合框架在碳排放方面的原始排放量和碳排放强度（即单位收入的二氧化碳排放量）均表现较差，环境违规行为的平均处罚较高。

- ESG基金更有可能选择自愿披露碳排放的股票——ESG数据良好的公司更有可能披露这些数据，以吸引需要ESG数据的一小部分投资者；但与此同时，ESG数据较差或没有ESG数据的公司可能会被那些出于ESG考虑的投资者回避。

- ESG基金和非ESG基金的持仓公司在范围1排放量方面没有明显差异，ESG基金选择范围2和范围3排放水平较高的持仓公司（间接碳足迹更大的公司）。

- 在美国，ESG基金投资的上市公司往往会花费更多资金游说政客，并获得更频繁、更高价值的政府补贴。这表明，相对于非ESG基金，ESG基金的投资组合可能更依赖监管支持。先前有研究表明，这种补贴有时会挤出而非促进私人投资，在这种情况下，ESG基金更有可能将其投资成本转嫁给纳税人。

- 没有证据表明ESG基金买入公司是由于预期其未来能够改进——尽管ESG基金加强了对持仓公司的监控，但这与持仓公司遵守以利益相关者为中心的法规没有强关联。

- 同一年度中，与该公司管理的其他基金相比，部分ESG

基金的财务表现似乎略为逊色，并可能收取更高的费用（这可能是此类基金的发行动机）。
- ESG 基金的持仓公司具有较低的董事会独立性（ESG 中的治理指标之一）。

另一个有趣的发现与之前的研究论文一致（《公司规模对 ESG 评分的影响：正在审查的企业可持续发展评级》[13] 和《ESG 绩效和披露的跨国分析》[14]）：ESG 评分可能更多基于对 ESG 的新闻报道，但似乎与公司自愿披露的实际内容并没有很好的相关性。

两位作者总结道："我们的研究表明，部分宣传对社会负责的基金，似乎并没有贯彻对利益相关者的关切声明。"他们提出了一个问题："购买自称为 ESG 或'对社会负责'的公募基金的投资者，究竟用更高的管理费获得了什么？"他们补充说："我们研究的一个关键结论是，资产管理公司不一定言行一致。"

他们的发现得到了美国证券交易委员会的支持，2021 年 4 月美国证券交易委员会发布的 ESG 风险警报，特别强调了"过度依赖综合 ESG 评分，可能表明不够充分的尽职调查及普遍较差的基金合规情况"[15]。美国证券交易委员会的公报强调，投资者需要了解声称"将特定环境或社会因子纳入投资决策"的 ESG 基金，是否真的选择了在这些方面表现优异的股票。

这对投资者的启示是，在投资 ESG 基金之前，需要进行高水平的尽职调查，以验证该基金是否真的挑选对利益相关者友好的股票。监管机构应考虑的另一个要点是，大量机构投资者对高质量 ESG 公司股票的充足需求，可能会造成公司被迫披露 ESG 信息，无论其初始质量如何。因此，随着公司争相吸引投资者对

第七章　可持续投资者如何改变世界

其证券资产的广泛兴趣（以最大限度地降低其融资成本），ESG信息的平均质量将越来越高。

接下来，我们检验对 SRI 基金的研究结果，以确定 SRI 基金是否言行一致，并检验此类基金的投资是否会影响持仓公司的行为。

《SRI 会改变企业行为吗？》，戴维森·希思（Davidson Heath）、丹尼尔·马乔基（Daniele Macciocchi）、罗尼·迈克尔利（Roni Michaely）和马修·林根伯格（Matthew Ringgenberg）[16]

这项 2021 年的研究收集了一组新颖的结果变量，旨在衡量 SRI 是否会影响不同的公司利益相关者。所研究的结果变量总体上评估了 SRI 与公司客户、员工和社会之间的关系。作者使用 Glassdoor 的数据检验了 9 种不同的员工满意度指标，参考消费者金融保护局的数据检验了 3 种客户满意度指标，采用美国职业安全与健康管理局（OSHA）的数据检验了两种工作场所安全指标，董事会多元化的两项指标参考的是 BoardEx 和机构股东服务公司的数据，同时使用美国环境保护局的 8 种不同污染指标。他们的数据样本涵盖 2011—2018 年的美国开放式公募基金。

以下是他们的调查结果摘要：

- SRI 基金选择投资于具有更好环境和社会责任的股票。例如，SRI 基金的投资标的多为致力于降低污染，增加对污染减排技术投资的公司。
- 被更多 SRI 基金选择的公司员工几乎在所有指标中都对他们的公司进行了更好的评价，包括职业机会、薪酬福利、企业文化和整体工作满意度。以美国职业安全与健康管理局的数据为例，根据其住院和截肢事故指标，SRI 基金的持仓公司往往工伤事故更少。

- SRI 基金持股比例越高的公司，其董事会中的女性人数显著增加，非白种人董事会成员也略多一些。
- SRI 基金持股越多的标的，往往拥有更少的客户投诉、更好的投诉补偿以及更及时的补偿相关服务。
- SRI 基金的持股比例不会直接导致环境或社会责任的进一步改善。分配给某只股票的 SRI 基金外生性增加后，空气污染、土地污染或水污染水平没有变化，工作场所安全程度、员工满意度、公司董事会性别比例或种族多样性也没有变化（换言之，该企业被 SRI 投资的股份多少，与其环境社会责任情况，是内生的、相互影响的）。

他们从调查结果中得出结论，尽管 SRI 基金并未参与"漂绿"（传达虚假印象或提供环保产品的误导信息），"我们的结果表明，SRI 基金标的和行为之间存在关系，但这在很大程度上是受到选择性偏差的影响，而不是因果性的处理效应"。

以上的研究结论貌似与 SRI 基金改善其投资组合的环境行为不太一致。对此，他们补充说："我们的研究结果表明，在以月份和年份衡量的中短期间内，SRI 在改变企业行为方面并不成功，但 SRI 基金有可能成功地在较长期改变企业行为。"

最后，他们补充说："SRI 基金可能通过买入或退出，间接影响上市公司的表现。例如，为了吸引 SRI 基金的资金，有的上市公司可以大幅减少污染。"

第七章 可持续投资者如何改变世界

这是一个重要的观点，因为正如我们所讨论的，学术研究表明，坚持积极的 ESG 原则的公司融资成本较低、估值较高、不易受到系统性风险的影响，并且盈利空间更加可期。有证据表明，关注可持续投资原则利于降低融资成本，这为上市公司提供了提高 ESG 评分的动力——否则它们将处于竞争劣势。

如前所述，研究表明，提高 ESG 评分也可以提高员工满意度，绿色投资者对环境的严格要求，促使公司通过提高融资成本来减少温室气体排放。

首次公开募股定价：可持续性重要吗

大量学术文献发现，IPO（首次公开募股）抑价——从发行价到首个交易日的收盘价有正回报。文献还记载，无论是高抑价还是低抑价的 IPO 在上市后的第一年，其表现都显著落后于成熟公司，而且无论 IPO 是否发生在发行过热的时期，这种落后的效应都存在。

《ESG 和 IPO 定价：可持续性是否重要?》，亚历山德罗·费尼利（Alessandro Fenili）和卡洛·雷蒙多（Carlo Raimondo）[17]

作者认为：" 信息摩擦可能是导致 IPO 定价过低的主要原因。" 他们的第一个假设是，在 S-1① 招股说明书中披露更多 ESG

---

① S-1，美国本土公司的招股说明书，包含了公司 IPO 时需要提交的一切材料，包括财务信息、未来有无分红、公司竞争对手情况、市场地位、收入是否稳定等。——编者注

信息（在 IPO 日期之前进行强制性沟通），可以减少公司与投资者之间的信息不对称问题，从而降低抑价，并对公司的财务业绩评估产生积极影响。

第二个假设是，从数量级上看，IPO 定价过低与 E、S、G，以及 ESG 整体信息披露之间的负相关性最大。

第三个假设是，S-1 中的 ESG 披露量与公司估值呈负相关。他们以 2012 年至 2019 年 6 月期间 783 宗美国 IPO 为样本，测量了基于文本的 IPO ESG 披露信息。

以下是他们的研究结果摘要：

- S-1 报告中的 ESG 披露量与 IPO 的抑价呈现负相关。例如，E 信息披露量前 1/4 的 IPO 首日平均回报率为 29.82%，而后 1/4 的 IPO 首日平均回报率为 14.87%，相差约 15 个百分点。S、G 和 ESG 整体信息披露的前后 1/4 分位 IPO 差异则分别为 7.3%、9.3% 和 12%。
- S-1 表格中 E、S、G 和 ESG 相关内容的丰富，会减少投资者与上市公司间的信息不对称，进而减少发行抑价，对公司产生积极影响。
- 与抑价负相关性最明显的变量依次是 ESG 整体主题、G 主题、S 主题和 E 主题——这一结果的背后可能是个人投资者发现把 3 个 ESG 变量作为整体判断更有用。
- 不仅 S-1 表格有变得更多、更详细的趋势，ESG 披露方面也出现了同样的情况。这种趋势很可能是由于上市公司认为在此类主题上披露更多、更详细的信息很重要。
- 以上结论均经过了多重的统计学检验，结论颇为显著。

第七章　可持续投资者如何改变世界

两位作者总结道:"越来越多的投资者使用 ESG 标准来评估投资机会和 IPO,他们可能希望避免投资于 ESG 实践不足、效率低下的公司。"他们补充说:"披露 ESG 信息利于减少信息不对称,从而为公司的财务业绩带来积极的影响(减少对公司不利的发行抑价)。此外,披露更多 ESG 信息有助于投资者在未来更好评估上市公司。"

我们在本章接近尾声时将回顾积极所有权(股东积极参与 ESG 问题)对公司行为和盈利能力的影响。传统的股东积极主义和对冲基金积极主义通常只关注与股东利益相关的问题,而 ESG 积极主义则会关注更广泛的议题。

股东积极主义会改善公司吗

《积极所有权》,埃尔罗伊·迪姆森、奥古詹·卡拉卡斯(Oğuzhan Karakaş)和李曦(Xi Li)[18]

这项 2015 年的研究试图确定,是否可以推断积极参与 ESG 活动与公司绩效之间的因果关系。为了找到答案,作者分析了一个丰富的数据库,该数据库包含 1999—2009 年美国上市公司的 ESG 议题参与程度。他们识别了 382 个成功和 1 770 个失败的参与流程(失败的流程中,机构投资者往往会对上市公司的 ESG 议题提出警告或优化意见)。

以下是他们的调查结果的摘要:

- 平均而言,在首次参与后的 1 年中,参与 ESG 活动产生了

2.3% 的正向规模调整回报。
- 平均而言，初次参与后的 1 年中，成功参与 ESG 活动的规模调整回报率为 7.1%，不成功的参与也没有明显的后果。
- 参与公司治理和气候变化议题的正向回报最为明显。
- 与同类公司相比，业绩较差、治理结构较差、声誉问题较大以及资产管理公司持股较高的公司，更有可能成为 ESG 参与的目标（或是因其较大的 ESG 提升空间和价值）。
- 如果目标公司更关心其声誉、实施变革的能力更高、改进空间更大，特别是对于那些涉及环境和社会问题的公司，参与 ESG 活动更有可能成功实现积极目标。
- 资产管理公司与其他积极投资者及利益相关者之间的合作，显著提高了环境和社会参与的成功率，但公司治理活动并非如此。
- 与 ESG 活动吸引具有社会意识的客户和投资者的观点相一致，在成功参与 ESG 活动（尤其是 E 和 S 方面的活动）后，参与投资者 ESG 沟通的上市公司在经营业绩、盈利能力、效率、股权和治理方面都有所改善。

他们的调查结果得出结论，投资者成功的 ESG 参与对 ESG 因子表现和持仓公司的财务表现都具有积极影响。

总结

越来越多的证据表明，投资者的可持续投资偏好对公司的行为产生了有利的影响,为它们提供了提高可持续性评级的动力,以免它们在融资成本、人才吸引和留存方面处于竞争劣势。这些发现进一步支持了可持续投资领域的股东行动的积极趋势。

话虽如此,拉古南丹(Raghunandan)和拉杰戈帕尔(Rajgopal)提出了一些令人不安的证据,部分 SRI 基金和 ESG 基金似乎并没有通过投资更具可持续性的公司来保持言行一致。这引发了一个问题,即自我标榜为 ESG 或具有社会责任感的公募基金投资者,究竟从更高的管理费中得到了什么。我们认为,投资者在投资之前应对基金进行彻底的尽职调查。在下一章中,我们将提供一些指南,帮助你判断基金是在"漂绿"还是言行一致。

第八章
如何践行可持续投资

现在，让我们把注意力转向建立可持续投资组合的实操。构建投资组合背后的学问远远超出了本书的范围。对于想深入探讨该话题的读者，例如资产配置、税务规划、蒙特卡洛模拟的使用、投资政策声明的编写以及投资组合的维护必要性等议题，我们推荐各位阅读拉里·斯威德罗与凯文·葛洛根（Kevin Grogan）合著的《成功退休完整指南》[1]。在本章中，我们将讨论可持续投资的通用原则和可运用的方针。

好消息是，对于那些已经熟稔投资知识的人，可持续投资的流程与传统投资没有太大区别。然而，它确实需要一些额外的研究和分析。值得庆幸的是，近些年已经涌现许多工具和投资产品可供选择。尽管选择合适的产品和机构可能变得更加复杂，但这总比没有足够多的优质选择更好。

所有投资者都应该考虑的原则

可持续投资不会改变投资的基本原则。在制订可持续投资计划时，应牢记以下几点：

- **市场是高效的**：股票价格会根据公开信息迅速调整。结论是，试图通过证券选择和/或精准择时来战胜市场，往往是很难成功的。
- **分散化**：投资中唯一免费的午餐就是分散化。关键是避免过高的资产集中度，如全部投资于单一股票。相反，投资更多符合你标准的公司或许更有助于分散，建立起一个囊括数百（或数千）家公司、分布在数十个国家、跨越多个资产类别的投资组合。
- **长期投资**：针对下一季度或下一年做投资更多是投机，而不是投资。长期投资的要旨是，投资的周期或许可以是几十年。
- **控制费用**：你所支付的费用和交易成本都要从你的总体收益中扣除。不过，这并不意味着一定要选择费用比率最低的基金，因为优秀的基金可以通过明智的设计和管理为你争取更大的价值。

选择是自己动手还是聘请专业顾问

无论是聘请专业顾问，还是自己投资，都是个人的选择。一个经验之谈是，当你的投资组合价值超出 10 万美元时，就尤其需要认真考虑专业人士的帮助。一位好的投资顾问可以帮助你在任何规模的投资组合中做出更好的决策，尤其是在数额较大的情况下，他们可以增加更多的价值，并使你避免犯代价高昂的错误。不过现在拥有可持续投资方面专业知识的投资顾问仍然是少数，那些专家通常会在他们的网站或交流中强调他们的可持续产品。

对于选择自行投资还是聘请顾问的问题，本书附录 B 进行了深入的讨论来帮助你做出这个决定。

维护你的投资流程

兼顾财务目标和可持续发展目标的最佳方法，是将投资组合的设计与可持续发展目标整体结合起来。它应该从厘清你的能力（例如收入稳定性以及它与股票风险的相关性）、意愿和风险承受情况开始，这将有效帮助你做出资产配置决策。在此之后，你就可以专心挑选最贴合你可持续投资观的投资工具。

我们推荐按以下 5 个步骤维护你的可持续投资流程：

1. **设定财务目标和风险预算**：依照你的能力、意愿和需求来承担风险。
2. **资产配置**：选择最利于实现你的财务目标的资产类别，并决定在各类资产类别的投资比例。
3. **选择投资产品**：为每个大类资产选择能使你的可持续和财务投资目标一致的基金或 ETF。
4. **监控、再平衡和税收管理**：定期监控以确定是否需要对投资组合进行再平衡和税收管理。温馨提示，这不仅仅是有的投资者可能会选择改变他们的资产配置，尽管这样做只是小范围的改变。例如，可能你会忍不住把那些找不到合适的可持续投资工具的大类资产排除在外——毕竟在某些领域很难找到 ESG 基金，比如国际小盘股基金。我们建议不妨保持耐心，继续投资于现有的传统基金，直到出现合适的替代方案；尽量保持整体资产配置策略的稳定性，以保证你的投资风险和收益特征始终适合你。

如果你希望增强投资组合的可持续性，通常可以通过简单地增加特定主题资产的配置来实现这一点。例如，你可以申购可再生能源基金、可持续农业基金，或增持清洁技术相关的资产。凭此方法，你可以优化投资组合使其更符合你的可持续偏好，而不必完全转向 SRI 专户。然而，值得注意的是，这些主题性的投资往往具有不确定的风险收益特征。因此，明智的做法是，将这些类别的配置比例限制在 10% 或 20%，以保持整体组合的分散化。

第三步：选择投资产品

当你开始寻找可持续投资产品时，我们建议按照常规投资会运用的财务标准进行尽职调查。可持续投资的研究应该被视为做加法，而非取代，因此不必为此改变你所坚持的投资原则或投资理念。

然而，可持续投资者也可能希望调整他们的一些财务标准，以扩大可供他们选择的投资产品范围。具体而言，有 3 项标准也许需要调整。

1. **费用**：在美国，可持续投资基金可能比传统基金有更高的管理费率，但是这不一定会让交易泡汤。投资者可能会由于如下原因乐于支付更高的管理费：

    - 支持基金管理人更多地参与股东行动，以此鼓励持仓公司在可持续发展问题上做得更好。如果投资者希望持仓公司更具可持续性，他们可能会希望基金公司利用自己的股东权利来推动公司的发展。

    - 让基金经理购买或创建额外的可持续研究和数据资源。随着时间的推移，扩大可持续数据的数量和质量有助于所有投资者和公司更好地实现可持续发展。

2. **历史记录**：投资者有时会等到一只基金成立3年甚至5年之后才会投资。这么做的基本原理是能帮助检验基金经理中长期的表现。这种谨慎的做法在很多情况下都是有意义的，但是在可持续投资领域，这么做是存在一定风险的，因为可持续投资相对而言仍然是个新生事物，而且发展迅速，历史业绩的可参考性相对较弱。许多基金是最近才成立的，新一代的基金可能会比老的产品拥有更好的数据资源和投资流程，甚至费用也更低。有的大类资产中，甚至只能找到一些刚成立或成立不久的可持续投资基金。因此，可持续投资者如果愿意接受成立时长较短的基金，可能会找到更多更好的选择。

3. **投资工具**：现在有比以往任何时候都多的可持续投资选择，而且这些选择除了传统的开放式基金，在美国还有数百只可持续投资ETF。此外，美国市面上有数十家机构能根据你的具体喜好，在专户中定制化管理投资组合。

你可以根据自己的需求和期望，自由选择最适合你的投资工具。

开放式基金和 ETF 属于综合型工具，这意味着成千上万名投资者通过投资一个产品即能投资于同一个投资组合，每个人在整个基金中都有自己的比例份额，每位投资者都持有同样的股票，经历着同样的起伏，获得同样的回报。另一方面，专户则只有一个投资者。开放式基金、ETF、专户，在费用（专户通常更贵）、税费（专户可能更有效率）以及如何买卖三方面存在显著差异，但这些内容超出了本书的讨论范围。在此，我们将只集中讨论可持续性考虑因素在应用方面的差异。

对可持续投资者来说，专户的灵活性带来了很多好处。因为投资者对其账户中的资产拥有决策权，他们可以选择包括和排除任何特定类型的产品、公司、行业或国家，因此能够非常具体地在投资中表达他们的价值观。对 SRI 投资者来说，这当然是一个优势，因为他们一直坚守自己的投资信仰不愿妥协。然而，对 ESG 投资者来说，专户可能是不必要的，甚至是不受欢迎的。

正如第一章中所详述的，ESG 投资是关于风险和机会的投资，特指那些对持仓公司（而非投资者）具有实质性影响的风险和机会。ESG 投资者希望优先投资那些在可持续发展指标上做得更好的公司。在这个领域，很少有投资者比专业投资经理拥有更多的专业知识。因为分析是复杂和持续的，面对 ESG 议题的变化、数据资源的变化以及上市公司自己的变化，大部分普通投资者想跟上并不轻松。

希望参与股东行动的 ESG 投资者，也可能更喜欢可持续投资基金，而不是专户。因为通过加入一个拥有更多资产和更多投资者的基金，他们可以有效扩大自己的股东话语权和潜在影响力。

如今，ESG 基金的选择范围已经很广，无论是轻度 ESG 倾向还是重度 ESG 倾向均有产品供选择。有的 ESG 基金更加重视特定 ESG 议题，如气候变化、员工多样性或风险管理。在没有专户的情况下，投资者有足够的机会根据自己的需求调整投资组合。许多 ESG 基金也将有争议的公司排除在外，如烟草公司和枪支制造商。因此，对这些公司有异议的投资者也能拥有颇为广泛的选择，大多数具有可持续意识的投资者也不必通过定制化的专户来满足他们的目标。

第四步：监控、再平衡和税收管理

所有投资者都应该定期监控他们的投资组合，以确定是否需要将其重新调整至目标的资产配置比例。投资者还应该尽可能通过收益抵扣来降低税负。比起普通投资者，可持续投资者需要更加注重监督，因为他们需要基金经理在创造财务回报之外兼顾可持续发展。我们建议每年除了关注基金管理人的年度报告，还要关注可持续发展报告（也称影响力报告或尽责管理报告）。这些报告可以帮助你了解基金管理人对可持续发展的承诺。另外，在挑选可持续投资基金时，我们也建议你参考这些报告。

第五步：回顾计划

每年定期回顾投资计划是十分重要的，以确保你选择的基金管理人能够言行一致，始终如一。此外，可持续投资行业正在快速发展，变化之中一些新的投资产品可能会使用最新的研究成果，竞争也在压低基金费率。因此，我们建议定期回顾计划，以保证你的投资组合中始终有业内领先的投资工具。

ESG 基金管理人遴选框架

可持续投资的挑战已经改变。在过去，美国投资者很难找到符合其财务和可持续标准的基金。然而，如今已有几十种选项，现在的困难是厘清所有的选项，在此之前还需要明确需要哪些信息。为了给你的 ESG 基金挑选过程提供一些结构性建议，我们归纳了 4 部分框架来评估投资产品的可持续性，见图 8.2。

ESG 质量	ESG 倾向	股东参与	基金管理人承诺
该基金管理人多大程度上能运用最先进的 ESG 数据与流程做研究	该基金多大程度上优先考虑投资可持续发展方面更优秀的公司	该基金管理人多大程度上尝试提升持仓公司的可持续发展表现	该基金管理人多大程度上建设自身能力以促进市场的可持续发展

图 8.2　4 部分框架

ESG 质量

作为一门相对较新的学科，ESG 投资随着数据研究和证券选择方法的改进正在迅速发展。随着技术的进步，投资者如何确定可持续投资基金所用策略的质量?

- **意向**：首先可以确保你考虑的基金有可持续发展目标。快速浏览基金募集文件，你就会知道该基金是否有意关注ESG。如果想跳过这一步，直接查看ESG分数、排名或评级，你可能会发现偶然得分很高的基金。这显然是存在问题的，因为如果基金管理人不是有意建立ESG倾向，当组合内的证券资产发生变化，这个产品很可能会消失在可持续投资基金的范畴之内。
- **策略**：最古老、最常见的可持续投资形式是简单地排除某些股票。这对希望避免暴露于特定行业（如化石燃料）的投资者来说是一种有效的策略。然而，这可能也是一种"简单粗暴"的做法。例如，部分石油和天然气公司正试图通过快速过渡到可再生能源来提供解决方案，投资者理应考虑给予这种行为奖励还是惩罚。而负面筛选策略有时会忽略这些细微差别，你可能也并不愿意为如此简单的策略支付比指数基金更高昂的管理费用。相比之下，包容性和正面筛选策略需要更多的洞察力、精力和更优质的数据。运用这些策略的基金经理将致力于挖掘或增持在可持续发展方面处于领先地位的公司。
- **数据**：在之前的章节，我们已经讨论了ESG数据的局限性，尤其是ESG评级的可靠性问题。不过，你依旧可以通过基金管理人使用的ESG数据类型了解他们的策略质量。尽管存在明显的缺点，但基金经理根据研究人员对上市公司的ESG评级来做出可持续发展决策的情况仍然很关于公司及其运营的具体问题，了解其如何应对 ESG 风险。他们可能会提出公司可能还没有考虑到的问题，例如不断增长的野火威胁或新法规的潜在影响。通过直接对话，基金公司也可以让上市公司知道投资者当前对它们的期望是什么、它们的同行在做什么，以及如何才能增强其对于投资者的吸引力。

- **合作**：基金管理人可以通过与其他基金公司和倡导团体合作，来扩大自己的话语权和影响力。一种方法是发起一项股东决议，通过与其他股东合作来争取足够的选票；另一种方法是找到志同道合的股东，与上市公司进行直接对话，共同努力。

基金管理人承诺

ESG 在投资界仍然是一个相对较新的话题。价值投资已经有 100 多年的历史，小盘股投资也已经出现了 50 多年，而 ESG 投资的历史还不到 20 年。因此，相关的新工具、新技术和新策略仍如雨后春笋般出现，其信息、数据和报告也在迅速发展。有的基金管理人正积极参与构建 ESG 的支持性基础设施，而有的则不那么积极。对于那些希望见证系统性变革，或是希望资金流向最坚定的管理机构的投资者，更加积极的基金管理人往往更具吸引力。

投资管理机构有足够的机会支持和建设 ESG 的能力。你可以通过它们是否加入相关的会员组织、响应了什么倡议，以及它们如何尽责地经营自己的公司，来评估对于承诺它们是否言行一致。

会员组织

在可持续投资的早期阶段，成为 PRI 组织的会员即是一种领导力的表现。如今，该组织会员已超 3 000 名，加入 PRI 或许不再是一个明显的差异化因素。除了 PRI，现在还有更具雄心的其他非营利机构，包括：

- Ceres 投资者网络汇集了 200 多家机构投资者，管理着超过 47 万亿美元的资产，该组织的目标是推进可持续投资实践。
- GISA 是由各地区负责任投资协会组成的联盟：
  - 美国可持续投资论坛（US SIF）：拥有美国的 190 名成员，旗下资产超 5 万亿美元。
  - 欧洲可持续投资论坛（Euro SIF）：该网络组织由欧盟的 400 余个协会组成，旗下资产超 8 万亿欧元。
  - 英国可持续投资论坛（UK SIF）：拥有英国的 260 名成员，管理着超 10 万亿英镑的资产。
  - 大洋洲责任投资协会（RIAA）：该组织的 300 多名会员分布于澳大利亚和新西兰，管理着超过 9 万亿美元的资产。
- 专注于气候变化议题的机构，包括：
  - 气候行动 100+：来自世界各地的 615 家投资机构，合计管理超 60 万亿美元的资产。
  - 气候变化机构投资者组织：由 22 个国家的 350 多家投资机构组成，旗下资产逾 42 万亿欧元。
  - 净零资产管理人倡议：该组织拥有 128 个签约机构，这些机构共管理着 43 万亿美元的资产。

若想了解更多关于这些组织的细节，读者可参见本书附录 D。

倡议

为可持续发展进行投资的资产管理机构很清楚，ESG 数据和报告不如财务信息一致性和标准化。有些机构选择使用现有的工具并等待改进，有的机构则通过赞助和倡导各种各样的项目，致力于建设 ESG 的能力，从而助力将可持续发展融入资本市场。许多富有影响的举措正在致力于改善公司信息披露，包括气候相关财务披露工作组（TCFD）、碳核算金融联盟（PCAF）和价值报告基金会（可持续发展会计标准委员会和综合报告委员会的合并产物）。也许，可持续投资者可以思考自己的基金管理人在这些组织中扮演什么角色——他们只是作为签署人签字，还是他们把员工的时间投入这些特别工作小组和教育委员会当中。

政策是富有雄心的基金公司可发力的另一方面。就在我们写这本书的时候，欧盟和美国证券交易委员会正在起草针对上市公司和基金管理人的 ESG 披露规定。或许，你可以问自己一个问题："我现在所考虑的基金公司有参与其中吗？"在欧美地区，基金公司可以签署相关联名信，这并不会花费太多时间，但提交关于立法草案的意见需要大量的时间和资源，与各联邦州的立法者会面并说服政策制定者则完全是另一个层面，这些事情只有对可持续投资最有激情的公司才会去做。

言行一致

另一种衡量基金管理人对可持续发展的承诺的方法，是看他们自身实践这种承诺的程度。虽然与其他行业相比，金融服务企业以低排放著称。然而，作为金融资本的管理者，基金公司依旧可以通过有效的方式影响许多利益相关者。你可以像评估其他公司一样评估基金公司的 ESG 业绩，并根据其行业的实质性进行适当调整。

- **环境**：金融服务企业通常不生产实体商品，也不会参与运输，但它们对环境的影响体现在其他地方。许多投资机构发现，商务旅行是其碳排放的最大来源，其次是办公室的能源使用。富有决心的公司往往拥有积极的政策，定期测量和报告其碳足迹，并致力于逐渐降低排放；更优秀的公司会采取与《巴黎协定》一致的、基于科学的或净零标准的减排目标；最坚决的公司则已经停止将资金配置到高污染行业，如煤炭、油砂厂商和在敏感地区勘探的公司。
- **社会**：金融服务业雇用了许多高学历和高报酬的员工，然而，该行业在多样性和包容性方面的表现却并不出色。在美国，女性和少数族裔基金经理确实很少，而且巨大的性别收入差距仍然存在。常有人把典型的董事会描绘成"苍白、陈腐、男性主导"的形象，这在很大程度上是正确的。我们建议寻找那些努力纠正不平等现象并对进展保持透明的公司。基金管理公司的另一个重要利益相关者是其客户。当代的基金管理公司提供的产品具有透明（且较低）的费用结构。它们作为受托人，应当以客户的利益最大化行事。然而,你可能会惊讶地发现,不少基金公司仍然坚持把客户视为利润中心的老方法,相关的警告信号包括:你的财务顾问收取过高的销售佣金,并经常鼓励你改变投资,或者设置了复杂的收费结构。

- **治理**:风险管理在金融服务中至关重要。致力于可持续发展的基金公司会披露自身的风险以及产品的风险,其至还致力于降低资本市场的系统性风险。我们建议寻找在募集材料和定期报告中披露气候风险的基金公司。在此方面更优秀的基金公司会以 TCFD 报告的形式公开其面对气候变化的物理风险和转型风险。

选择 ESG 基金管理人的调研工具

可持续投资的迅速普及带来了更多的可持续发展及可持续投资报告、研究工具和数据库。曾经,这些工具是为愿意出资采购的基金管理人设计的。但如今,只要有互联网,几乎任何投资者都可以免费获得其中的一些信息。虽然额外的可访问信息固然利于可持续投资者,但我们仍需提醒投资者如何做到物尽其用。

ESG 评级和研究

网上提供的免费 ESG 信息通常包括对公司或基金的简要评级或排名。尽管这些总体评级因其简洁而具有吸引力,但它们或许不太有助于比较不同的投资产品。正如我们在第六章所探讨的，ESG 评级的可靠性颇具争议。不同 ESG 评级机构对股票的打分只有一半是一致的，MSCI 可能会给某家被 Sustainalytics 评低分的公司打高分。ESG 评级机构对基金的打分也面临同样的问题。不过，这并不是对任何特定评级机构的控诉。相反，这一观点承认了 ESG 评级作为意见的本质，且意见本该被谨慎对待。结论是，如果是为了比较不同的基金，我们不建议使用评级。

你或许还需了解，ESG 研究人员发布的不仅仅是 ESG 评级。投资者经常会看到碳排放数据，也许还会看到某个投资组合投资于化石燃料或棕色公司的百分比。一些文件则详细说明了该基金是否持有有潜在争议的公司，如涉及酒精、烟草、赌博、色情、武器等。这些更细颗粒度的数据在厘清投资组合的实际投资时很有用，因此比 ESG 评级更有价值。以下是一些需要注意的事项：

- 不要比较不同研究人员的碳排放数据。因为不同的研究人员可能使用不同的方法或不同的衡量标准。如果你试图比较不同的公司或基金，请确保你获得的数据采用同一研究口径。
- 不要比较不同大类资产、国家或行业的指标。股票基金的数据分布特点与债券基金或房地产策略有着本质的不同。

招募说明书

对于阅读基金招募说明书的建议，投资者通常会礼貌地点头并拒绝，或者直接报以白眼。因为许多投资者都认为，这些文件往往充斥着过于宽泛的描述和法律术语。然而，正因这一特点，招募说明书对可持续投资者而言是有价值的。如果你想确切知道基金经理承诺采用什么策略，招募说明书会告诉你法律上是如何规定的。

通过比较招募说明书的表述，我们可以了解基金经理的 ESG 倾向。如果招募说明书中唯一与可持续发展有关的文字是"可能会考虑 ESG 议题"，那么该基金对 ESG 的倾向可能是比较低的。如果招募说明书在"基金投资策略"部分包含了关于 ESG 投资策略的详细段落，那么该基金就非常重视可持续发展，可能会优先投资于更具可持续性的公司。

招募说明书还可以快速检验股东参与对基金经理的重要性。真正致力于股东参与的基金经理至少会在招募说明书中提及他们的努力。

基金材料

尽管如此，也许不会在招募说明书中找到基金经理关于 ESG 策略的完整描述，因为招募说明书的语言通常很宽泛，为基金经理的实操留有余地。如果要知道他们实际上的行动，我们需要查阅基金公司更详细的资料：

- 概况介绍虽然简短，但此类材料为投资者快速检验这只基金可持续投资的意愿提供了便利。如果 ESG 的确是主要策略，那么你在产品单页中将很容易找到。
- 公司手册和网站可能会有所帮助，但它们很少提供深入的洞察。值得关注的点是，该基金管理人是否分配资源披露可持续投资产品，如果没有，也许这家公司就对可持续投资缺乏承诺。
- 战略文件是基金管理人如何经营投资组合的详细描述。最好的方法包括引用第三方研究来佐证他们的方法论。想获取这些信息，你可能需要通过邮件和电话联系该基金公司。
- 产品材料 PPT 是基金经理用于向专业投资者展示产品的工具。也许有的产品材料出于合规只面向专业投资者，但也有少数基金公司会在公司网站上披露公开的产品材料。

影响力报告

这份报告有很多种称呼，包括尽责管理报告、社会参与报告、ESG 报告、可持续发展报告，以及可能现在有些过时的企业社会责任报告。在此，我们将使用"影响力报告"一词来涵盖这类文件。如果你正在寻找一家对可持续发展很认真的基金公司，它们往往会有一份详细的报告来披露其可持续投资、参与和倡导的工作。如果没有，或许你需要再次考虑这家公司是否合适。

影响力报告是可持续投资者可以用来评估基金管理人最重要的工具之一。该报告将深入介绍上述 ESG 管理者评估框架的 4 个部分：ESG 质量、ESG 倾向、股东参与和基金管理人承诺。这些报告应当详细说明基金公司所做的所有相关努力，并提供对其结果的度量。影响力报告通常每年发布一次。如果将最新的报告与早期版本进行比较，投资者就能知道这家基金公司是在引领，还是仅仅在回应可持续投资领域发生的快速变化。

基金经理访谈

与基金经理或其团队成员直接交谈，是确定投资方法是否符合你的目标的最好方法。你可以了解到他们的投资流程、专业知识和可持续投资承诺。另外，你的问题也有机会得到解答。至于建议的问题清单，我们在本书附录 E 中列出了一些最相关、最具启发性的问题。

总结

本章为你构建可持续投资组合提供了框架。我们首先总结了投资的基本原则，因为这些原则同样适用于可持续投资。此后，我们概述了一些帮助你维护资产配置框架，并做出投资选择的议题。

建立可持续投资组合的主要工作在于，如何选择基金管理人。我们建立了一个选择 ESG 基金管理人的框架——我们建议评估其 ESG 投资方法的质量、投资组合 ESG 倾向程度、股东参与及其对 ESG 的承诺。我们希望这个框架对投资者有所帮助，并鼓励投资者使用，而非依赖 ESG 评级，因为后者不像我们所希望的可靠和有效。本书附录 C、D 和 E 提供了更多选择基金管理人的资源，包括基金经理访谈指南和可供考虑的美国开放式基金和 ETF 清单。

结论

我们的可持续投资世界之旅已经接近尾声，我们衷心希望这一旅程能带你穿过迷雾。我们的目标是为你提供制定可持续投资策略所需的信息，帮助你能够兼顾实现财务目标和满足个人价值，而非牺牲它们。因此在这一部分，我们将回顾最重要的教训和关键的经验。

在第一章中，我们讨论了虽然金融业对可持续投资的需求做出了回应，推出了一系列令人眼花缭乱的产品，但基金管理人并没有使用一致的术语来描述他们的产品，而是交替使用ESG和SRI等术语，或者将整个领域的影响投资称为影响力投资。其他人也在使用各种术语——"价值导向投资""使命驱动的投资""道德投资""负责任的投资"，不一而足。

由于缺乏通用的术语，投资者很难理解有哪些产品可供选择，它们的目的是什么，以及它们的潜在业绩表现如何。因此，我们对常用术语进行了深入的解释和示例。明确自身价值观和目标的投资者，往往更容易确定适合他们的可持续投资策略，无论是ESG、SRI还是影响力投资。

在第二章中，我们讨论了当可持续投资者构建和管理投资组合时拥有的系列选择，并且探讨了基金经理最常用的方法论。

第三章就可持续投资者的类型展开讨论。我们发现这是一个庞大而多样化的群体，包括先驱和今天在前沿工作的人士。这些投资者制定了不同的策略和方法，而从这些策略和方法中，我们也能看出他们是谁以及他们所投资服务的群体。

在第四章中，我们探讨了可持续投资者的各种动机，并讨论了他们的 3 种回报：财务回报、社会回报（改善人类和地球的结果）和个人回报（情感回报）。最重要的是，投资者应该确保他们所采用的投资策略不仅与他们的财务目标相一致，而且与他们的社会目标和个人价值观相一致。

第五章回顾了 ESG 投资的历史演变。我们讨论了早期 ESG 投资者是如何面临真正的挑战的，因为缺乏责任投资所需的关键因素——数据和用于比较公司的一致指标。幸运的是，评级机构的成立解决了这个问题。但遗憾的是，这些 ESG 评级的指标和权重体系依旧没有一致性。因此，对于同样一家公司，不同的评级机构之间的分数可能会有很大的差异。

一个关键的结论是，投资者不应该试图比较不同机构的评级和排名，而是应该确定对自身的投资策略至关重要的 ESG 结构，并将其结构相似的 ESG 评级产品进行匹配。此外，我们还讨论了气候风险如何改变可持续投资。关键的结论是，所有投资者都应该将 ESG 风险纳入其投资策略，因为影响未来现金流的 ESG 风险很可能已经对股价产生了影响。

第六章提供了经济学理论中的重要见解，如果有足够多的投资者青睐可持续性评级高的公司，避免那些低可持续性评级的公司，受青睐的公司的股价将会上升，而罪恶的股票价格将会下跌。以经济学的角度推演，在均衡状态下，如果投资者根据偏好筛选资产，可能反而会导致被筛选资产的回报溢价。

其结果是，受青睐的公司将拥有更低的融资成本，因为它们的市盈率更高。融资成本降低的另一面是股东的长期预期回报降低。相反，罪恶公司的融资成本会更高，市盈率则会更低，融资成本增加的另一面是股东的预期回报增加。

该假说认为，较高的预期回报（高于市场平均的回报）是对投资罪恶公司的情绪成本补偿。另一方面，在可持续性评级较高的公司，投资者愿意接受较低的回报作为契合个人价值观的成本。为了研究投资者对可持续投资的非财务利益的重视程度，一项2021年研究论文《动态ESG均衡》的作者们运用均衡模型研究了ESG投资的供需动态，[1]他们表示："动态ESG均衡模型可以自然地适应可持续投资的需求和供给波动。我们的研究发现，近年来人们对可持续投资的兴趣日益增长。"据他们对1992—2020年数据的研究，他们发现，投资者愿意接受约1%的回报损失，以使他们的投资与价值观保持一致。

解释罪恶溢价还有一个基于风险的假设。这一假设合理地认为，忽视ESG风险管理的公司可能会比关注ESG的同行面临更大的风险及更广泛的潜在后果；ESG得分高的公司则有更好的风险管理和合规标准，进而使其更少面对极端事件，如污染、欺诈、腐败、诉讼及其负面后果。因此，相比起ESG评分低者，得分高的公司尾部风险也更小。而尾部风险越大，罪恶溢价就越大，以此作为承担风险的回报。

此后，我们讨论了投资者的偏好如何对资产价格和回报产

结论

生不同的短期和长期影响。例如，如果投资者对可持续投资得分较高的公司的需求增加，这可能会导致其股票的短期资本收益（即实际回报）暂时上升。例如，上文提及的"动态ESG均衡"作者发现，尽管投资者对可持续投资的偏好每年产生约1%的棕色溢价，但在2018—2020年，市场对可持续投资的旺盛需求使得绿色投资组合的表现每年超越棕色投资约7个百分点。[2]然而，长期的影响是，抬升的估值可能会降低长期的预期回报。最终的结果可能是绿色资产的实际回报增加，不过棕色资产的潜在预期回报更高。换句话说，可持续风险和短期回报之间可能存在模糊的关系。这些相互冲突的观点和现象，以及不同机构在可持续性评级上的差异所带来的困难，可能会给投资者解释学术论文中的发现带来挑战。

例如，2021年的《资金流向驱动的ESG回报》一文的作者菲利普·范·德贝克（Philippe van der Beck）发现，ESG投资的业绩受到可持续基金资金流向带来的价格压力的强烈影响，优秀的实际回报有时不能反映相应的预期回报。[3]此外，他发现，由于可持续投资者的刚性需求（对估值并不敏感），从市场投资组合中撤出1美元并将其投资于ESG基金，强ESG偏好的股票总价值将增加2~2.5美元；仅一个季度里50亿美元的资金流动所产生的价格压力，便足以解释ESG基金近年来优于市场投资组合。

尽管存在这些困难，但学术文献确实为我们提供了一些关键的启示：

1. 不考虑因素暴露的可持续投资策略应该期望较低的回报。然而，可持续战略也可以降低风险。因此，风险调整后收益可能不会有损失。

2. 在短期内，随着绿色股票相对估值上升，可持续投资的需求增长可能足以抵消事前较低的预期回报。然而，一旦达到一个新的均衡，投资者应该拥有"较低风险较低收益"的预期。这一点很重要，因为研究发现在乎可持续投资的人并非少数。《投资者看重可持续发展吗？检验基金排名与申赎流向的自然实验》一文发现，无论是个人还是机构，公募基金投资者往往都把可持续性作为一个积极的基金属性，乐意把更多的钱配置到晨星5星评级的基金，而非晨星1星评级的产品。[4]

3. 可持续投资较低的预期收益也可以被抵消，例如通过增加利于扩大预期收益的因素敞口（如规模、价值、动量和盈利能力）。

4. 市场正变得更加高效，可持续风险将更快地体现在股价的变动上。

5. 如果要把可持续投资作为投资的核心理念，我们建议在选择资产前进行彻底的尽职调查。这种尽职调查不仅应包括该产品的投资筛选方法，还应仔细审查因子负荷、行业集中度和基金费率。最后，投资者可以评估各可持续投资基金的策略，判断哪只产品的策略适合自己。

值得注意的是，据德意志银行2018年的研究报告《大数据震动ESG投资》估测，从2020—2035年，可持续投资资产的市场份额将从约50%增加到约95%。[5]这意味着我们可能在相当长的一段时间内无法达到新的均衡。支持这一观点的是2020年

《ESG风险与股东声音》一文的作者。他们发现，大多数ESG建议没有得到股东的支持，尤其是机构投资者的支持，这表明当今投资者仍主要关心业绩。随着人们越来越关注可持续发展，这种情况在不久的将来可能会改变。[6]因此，在达到新的均衡之前，可持续投资者也许可以"鱼与熊掌兼得"，资金源源不断流向绿色公司，可能会补单推高绿色公司的估值。如此一来，可持续投资者可能会实现更高的回报，同时承担相对更小的风险。然而，这种趋势会持续多久取决于投资者采用可持续投资策略的速度。如果ESG投资需求出乎意料地增长进一步加强了对绿色产品的需求，绿色公司的利润增长将压缩棕色公司的生存空间，可持续投资者也可能因此受益。

在第七章中，我们回顾了可持续投资者如何影响公司及其员工的证据。关键的结论是，学术研究发现，坚持积极的ESG原则的公司融资成本更低，估值更高，更不容易受到系统性风险的影响，利润也更高。可持续投资者正在用投资表达他们的价值观，进而积极地影响公司，因为他们希望持仓公司也能从更低的融资成本、更满意且积极的员工中获得优势。

我们还证明，ESG投资者正在通过对资产价格的影响提供社会效益。通过推高绿色资产价格（降低融资成本）和压低棕色资产价格（提高融资成本），投资者对绿色资产的偏好促使绿色公司做大做强，而棕色公司投资减少。投资者越关心ESG，低碳减排对环境和社会的积极影响也就越大。

最重要的是，可持续投资不再是一个小众运动。我们正在见证企业可持续发展和可持续投资之间的融合，这是推动市场变化的主要力量，因为越来越多的投资者更加关注可持续因素。

在第八章中，我们讨论了搭建可持续投资组合的实操建议。我们首先指出，可持续投资不会改变投资的基本原则，这些原则应该引导你的所有投资：市场是有效的（系统地投资，而不是基于某些建议），分散化投资是你的朋友，长期投资（保持自律，坚持你的计划，学会忽略市场噪声），并控制费用（同时注意成本最低的基金也可能不是最好的选择）。此后，我们讨论了如何构建一个符合你独特财务状况和价值观的投资组合，包括如何选择基金管理人的深入探讨。

在本书的末尾，我们还为你准备了一些有价值的附录，包括 SRI 的历史、帮助你选择最佳投资工具来实施计划的指南、资源指南、帮助你咨询基金经理的指南，以及一份帮助你决定是应该自己动手投资还是聘请专业顾问的问卷。顾问作为受托人只需要提供对你最有利的建议，如果你选择了顾问协助你投资，这份问卷也包括了选择顾问的特定标准。

我们最大的愿望是，读完本书，你不仅享受了与我们在可持续投资领域的共同旅程，而且获得了所需的知识，使你能够将你的价值观融入你的投资策略中。

附录A　SRI的历史

SRI 最早可以追溯到《圣经》的前五卷，据信为摩西早在公元前 1500 年写成。这些书提出了一个被称为"Tzedek"（正义与公平）的概念，以及该概念应当如何支配生活的各个方面。Tzedek 旨在纠正人类不可避免造成的失衡，这种失衡也包括人们将从所有权中获得的好处。所有者对如何使用财产拥有权利并负有责任，其中之一即为防止任何直接或潜在的损害。

这一原则奠定了 SRI 的开端，提供了一套关于如何以道德和可持续的方式产生财务回报的标准。

SRI 的宗教根源

尽管过去人们一致认为道德应当是投资决策时的基本考虑因素，但该原则的应用各不相同：一些人将其用作投资决策的指导方针，而一些人则试图通过立法规范。SRI 的基本理念在不同的宗教团体差异明显，而这也进一步导致了对 SRI 的多种不同解读。

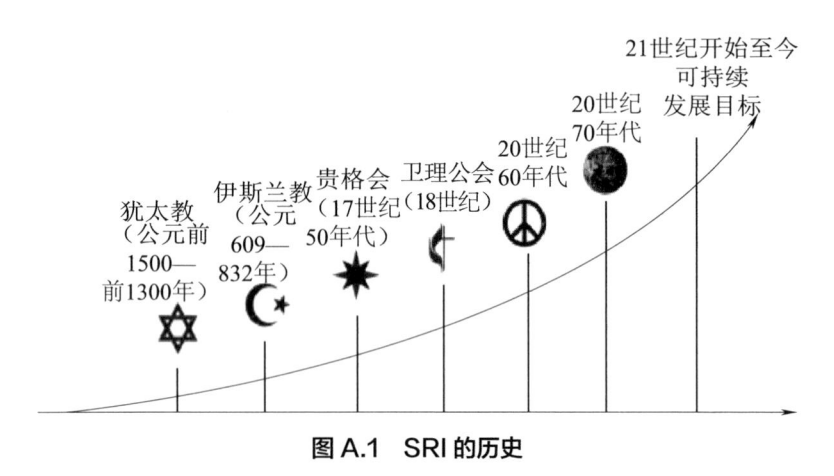

图 A.1　SRI 的历史

图中标注（按时间顺序）：
- 犹太教（公元前 1500—前 1300 年）
- 伊斯兰教（公元 609—832 年）
- 贵格会（17 世纪 50 年代）
- 卫理公会（18 世纪）
- 20 世纪 60 年代
- 20 世纪 70 年代
- 21 世纪开始至今 可持续发展目标

注：图 A.1 不完整地列示了影响我们当下所理解 SRI 的部分运动与机构。
资料来源：www.mycnote.com/blog/the-history-of-socially-responsible-investing/。

犹太教（公元前 1500—前 1300 年）

犹太教认为包括政府和经济活动在内的各个方面都需要正义与公平。犹太教律法规定，投资使我们成为财产所有者，同时使我们有责任利用我们的财产来避免直接和潜在的损害。[1]

尽管大多数《圣经》和犹太教相关资料关注点仍然在单一所有者或小型合伙企业，但犹太教最终解决了股东责任的伦理问题。由于股权是一种所有权形式，投资者在投资前必须考虑公司的道德责任。这阻止了追随者投资不道德的公司。

伊斯兰教（公元 609—832 年）

《古兰经》根据伊斯兰教义制定了围绕投资的指导方针，现在被称为"伊斯兰金融"教义。这一理念旨在管理风险与利润之间的关系以及机构和个人的责任。它指出货币应该是一种交换媒介，而不是随着时间的推移而增长的资产。《古兰经》中的一项管理原则是 *riba*，旨在防止人们利用金钱进行剥削。它禁止支付或收取任何形式的高利贷，包括各种利息支付、赌博或其他具有不确定性的金融交易。《古兰经》还禁止任何伊斯兰机构或个人投资含酒精饮品、猪肉产品、不道德的商品、金银和武器。

贵格会（17 世纪 50 年代）

贵格会总部设在英国，又名公谊会。该组织主要关注基督教，同时因反对奴隶制和战争而闻名。1758 年，贵格会费城年度会议禁止会员参与奴隶贸易，这标志着当前 SRI 形式的首次出现。最终，一些贵格会教徒继续建立了现代历史上最大的两家金融机构：巴克莱银行和劳埃德银行。

卫理公会（18 世纪）

卫理公会成立于 1703 年，由 SRI 早期的明确拥护者之一约翰·卫斯理领导。在题为"金钱的使用"的布道中，卫斯理概述了他对 SRI 的立场：避免任何有可能伤害工人的行业以及避免任何可能伤害邻里的商业行为。遵循他的思想，卫理公会追随者拒绝投资涉及烟草、枪支和酒精等"罪恶"的公司。这是现代负面筛选投资的雏形。

现代：SRI 的日益普及

美国现代版的 SRI 在 20 世纪中期真正站稳脚跟，当时投资者开始避开罪恶股票——经营酒精、烟草或赌博的公司股票。1950 年，成立于 1928 年的波士顿先锋基金（Pioneer Fund）在 SRI 的实践上更进一步，成为首批采用 SRI 的机构之一。这标志着现代 SRI 兴起的开始，并在之后进一步吸引大量关注社会问题的投资者涌入。

20 世纪 60 年代

20 世纪 60 年代的 SRI 主要由政治和对越南战争的担忧推动。抗议者抵制那些为战争提供武器的公司，同时学生团体要求美国的大学捐赠基金不再投资国防承包商。同时，公民权利、环境和劳工运动也进一步提高了公众对社会、环境和经济问题的认识，部分弥补了企业责任和投资者责任之间的差距。联合矿工和国际妇女服装工人等工会对医疗设施和工会建造的住房项目进行了有针对性的投资，以支持这些运动。

20 世纪 70 年代

1970 年 4 月，2 000 万美国人聚集在一起庆祝第一个"世界地球日"，为20世纪70年代初期的一系列环境和消费者保护立法拉开了帷幕。随着社会对战争、血汗工厂、种族隔离、气候变化、人口贩运以及许多其他政治和文化问题采取行动，富有社会责任感的投资者也纷纷效仿。在投资者和企业的一致支持下，SRI运动不断蓬勃发展。越来越多的机构在投资中将社会和环境意识与财务目标相结合，反映了理想的进步价值观的盛行，例如1971年成立的派克斯世界基金（Pax World Funds）和第一频谱基金（First Spectrum Fund），以及后来的德雷福斯第三世纪基金（Dreyfus Third Century Fund）。

20世纪80年代

在博帕尔、切尔诺贝利和埃克森·瓦尔迪兹等灾害发生之后，大众对环境和气候变化的担忧成为20世纪80年代SRI的核心。在此背景下，美国社会投资论坛于1984年启动，并于之后更名为美国可持续投资论坛。该论坛现已成为SRI和影响力投资最大的资源平台之一。20世纪80年代SRI的标准化方法涉及建立一个表现类似于传统市场的，但同时避免投资酒精、烟草、武器、赌博和环境污染等公司的投资组合。机构将这些负面筛选与对股东积极主义的承诺结合起来，使得股东可以通过行使所有权来改善公司的行为。

20世纪90年代

到1990年，SRI共同基金和具有社会意识投资的进一步流行使得我们急需进一步明确衡量 ESG 绩效的方法。与此同时，多米尼 400 社会指数（Domini 400 Social Index，现为 MSCI KLD 400 社会指数）于 1990 年推出，其由 400 家符合特定社会和环境标准的美国上市公司组成。

21 世纪开始至今

随着许多重要倡议和基金的推出，SRI 持续获得支持。2006 年，联合国负责任投资原则组织成立，其为全球主流投资者提供了将 ESG 问题纳入投资实践的框架指南。许多具有社会意识的投资者在 SRI 的基础上，进一步寻找更多优先考虑积极影响的投资，这推动了 ESG 和影响力投资的兴起。2015 年，联合国可持续发展目标强化了这种前瞻性思维方式。这些目标得到了联合国所有成员方的支持，是解决世界上最紧迫的发展挑战的迫切呼吁。

总结

SRI 目前占美国专业管理资产的 1/3，随着千禧一代对其的兴趣加深，该比例将有望继续上升。尽管目前参与 SRI 似乎主要是大型投资公司和机构，但 SRI 并非机构投资者的专属。市场上现在有一系列面向零售客户的影响力投资产品，使得所有个人投资者都能够参与 SRI。SRI 的历史是一个不断推陈出新的过程，可以看到，这种不断增长的运动方兴未艾，并将随着更多投资者的参与而产生更大的影响。

附录B 你应该聘请财务顾问吗[1]

无论谈论房屋维修还是投资,人们都可以被分为两大类:一类是雇用专业人士的,另一类是自己动手的,即不愿花钱请专业人士,他们相信自己也能做得很好。当然,对有些自己动手的人来说,雇用专业人士会更好。一个原因是,如果一开始没把事情做好,后期纠正错误的成本可能远远超过雇用一开始就把事情做好的专业人员的成本。另一个原因是,你可以从修理漏水的水龙头时犯的错误中快速恢复,但错误财务决策造成的损失可能会让你数年才能恢复过来,甚至可能无法恢复。

如果你正在考虑成为一名自己动手的投资者,请回答以下5个问题:

---

[1] 中国资本市场及投资顾问服务与美国国情有所差别,附录B的内容更适用于美国投资者,仅供读者参考。——译者注

1. 我是否具备制订投资计划所需的所有知识，能将其整合到整体的财产、税收和风险管理（所有类型保险）计划中，并且可以持续跟进和调整（再平衡和税收管理）？
2. 我具备所需的数学技能吗？投资需要的知识远远超过了简单的算术。你需要概率论和统计学的高级知识，比如相关性和各种分布（例如偏度和峰度）。
3. 我是否有能力决定合适的资产分配，既最有可能实现我的财务目标，又不会让我承担超出能力和意愿的风险？规划过程的一个重要部分包括使用蒙特卡洛模拟来估算在不同资产配置、储蓄和支出假设下，实现财务目标的概率。所需假设包括资产类别的预期收益、资产类别的预期标准差和资产类别间的预期相关性。现在有很多这样的程序可用，但其中许多都有严重的缺陷。因为它们的复杂性，估算过程很容易出错。
4. 我足够了解金融历史吗？你需要知道股票带来负收益的频率有多高，熊市持续了多久，熊市底部有多深。不了解历史的人很可能重复过去的错误。
5. 在我面对各种危机时，我是否具备遵守投资计划所需的性格和情绪管理能力？我确信自己有足够的毅力来承受投资组合价值的严重下跌而不恐慌吗？我是否能够重新调整自己的目标配置（在大多数人失去理智的时候保持冷静），在黎明前的黑暗中买入更多的股票？请回想一下你在2001年"9·11"恐怖事件之后、在始于2007年的金融危机期间以及在新冠病毒感染期间的感受和行动。经验表明，恐惧往往会导致计划瘫痪，甚至导致恐慌抛售和放弃精心制订的计划。当遭受熊市的痛苦时，即使是本来知道该如何做的、有知识的投资者也会做错事情，因为他们的情绪压倒了理智。这就导致了卡尔·理查兹所说的"行为差距"——投资者无法获得与他们所投资的基金相同的收益。请问问你自己：我做的事情总是正确的吗？我的收益是否与我的投资相匹配？

如果你通过了上述测试，你就是少数人中的一员。又或者，你可能会意识到自己缺少足够知识、性格不适合，也不够自律，无法依靠自己取得投资上的成功。即使你认为自己满足了上述要求，你可能也会发现，一家好的财务咨询公司可以在很多方面产生价值，包括让你可以将注意力集中在生活中最重要的事情上，比如与家人、朋友相处，或有意义的事情。因此，你可能更看重时间而不是建议的成本。这是一个在你的生活中找到正确平衡的问题。

聘请顾问

如果你决定聘请一名财务顾问，考虑到它可能产生的影响，它可能是你做过的最重要的决定之一。做出正确选择非常关键。我们提供了以下建议。

在寻找合适的顾问时，有4个绝对的标准：

1. 该顾问将谨遵受托人的谨慎标准。
2. 该顾问将自己的资金同样投资被推荐的投资工具。

3. 投资建议是基于科学，而不是个人意见。

4. 该顾问将投资计划整合到你的整体财务计划中。

谨遵受托人责任

金融从业者提供的服务有两种谨慎标准：受托和适当性。在受托人标准下，金融从业者必须始终从你的最大化利益出发。而在适当性标准下，金融从业者必须为委托人购买合适的产品，但这些产品不一定符合你的最大化利益。你没必要选择低于受托人标准的任何服务，也没必要和一个尚未达到这个标准的财务顾问或资产管理公司合作。作为投资者，我们的底线就是——顾问或公司所提供的建议完全符合你的最佳利益。

在你的尽职调查中，你可以采取一些行动，以尽量获得公正的建议。

首先，要求财务顾问公司采用收取咨询费用的模式，而不要采用基于佣金的收费模式，以避免可能造成的冲突。对于基于佣金的收费模式，很难知道顾问推荐的产品是最适合你的，还是能为顾问带来更多佣金报酬的。避免基于佣金的收费模式有助于确保你收到的建议是以你为中心的，要保证咨询公司唯一出售的东西是建议和解决问题的方法，而不是产品。

其次，你需要确保所有潜在的利益冲突都被充分披露。在问问题的同时，你还应该查看这家公司信息披露文件的相关内容，包括顾问背景、投资策略、收费明细、利益冲突、监管事件等信息。仔细的尽职调查有助于最小化犯错误的风险。

"吃自己做的菜"

你应该要求公司顾问的个人资产（包括公司的利润分红和/或退休计划）也基于相同的一套投资原则，并投资和他们推荐给客户相同或类似的证券。虽然他们的投资组合可能不同于推荐给你的资产配置（毕竟每个投资者的个人情况不同），但投资工具应该是相同的。如果投资顾问不愿意向你证明他们投资的是自己推荐的投资工具，那么根本没有理由聘请他们。

基于科学的建议

你选择合作的公司顾问，其投资策略和建议应该基于投资科学，而不是个人意见。为了证明这一建议的明智性，请想象以下情景：你感觉不舒服，预约了朋友推荐的医生。医生的工作是诊断疾病并提出治疗建议。在完成彻底的检查之后，他转身走到书架前，伸手去拿最新一期的《男性健康》杂志。此时，在听他的建议之前，你可能已经想换个医生了。因此，你要预约另一位医生。检查完成后，她伸手拿了一本《新英格兰医学杂志》。此时，你对即将收到的医生建议感觉好多了。与《新英格兰医学杂志》相当的金融出版物是《金融杂志》等专业学术期刊，财务顾问公司应该能够从同行评审的专业期刊中引用证据来支持他们的建议，而不应该从类似于《男性健康》的杂志，比如《投资者商业日报》或《巴伦周刊》中获得建议。因此，如果这个顾问无法证明自己的建议是基于科学而不是个人观点，请拒绝他。

整合财务计划

整体财务计划失败可能与投资策略无关，你选择的财务顾问公司需要将投资计划整合到一个整体的财产、税收和风险管理（所有类型保险）计划中。咨询公司需要承担金融服务团队总指挥的角色，协调每个顾问的工作。

你要知道，即使财务规划做得很好，整体计划也可能失败。例如，客户经常花钱请资深律师制订深思熟虑的遗产计划，结果信托完全没有资金或资金来源是错误的资产类型。一些信托旨在产生稳定的现金流，应该投资安全的债券。而另一些更重视资产增值，应该主要投资股票。

因为受益人的指定问题（例如离婚或死亡情况下未及时更新文件），又或者因为资产分布的类型或方法不当（例如资产直接分配给负债的、面临破产或财务管理问题的受益人），遗产计划也可能会出问题。所以，财务计划必须定期审查和调整。

尽管顶级专业顾问尽了最大努力，遗产计划也可能失败。不幸的是，遗产的转移导致资产损失和家庭矛盾的情况并不少见。这是因为受益人没有准备好，他们彼此不信任，无法有效沟通。大家一般都比较关心资产向受益人的转移，但很少甚至没有关心如何使受益人做好继承资产的准备。一个好的财务顾问则会帮助受益人做好准备和进行财富继承的相关教育工作，这正是其重要价值。

前文已经描述了一个好的财务顾问公司能够并且应该发挥其价值的许多方面。以下清单是其他方面的部分例子：

- 定期、持续的沟通，尤其是在危机时期，以保护你的投资组合不受情绪控制。
- 持续的金融创新教育。优秀的财务顾问对市场如何运作的认知应当是持续发展的。你应该确保公司有足够的资源来跟进最新研究前沿。
- 分析复杂金融产品的能力,帮助你避免购买并不适宜的昂贵产品。
- 设立教育基金。
- 为529、401(k)、403(b)或其他企业年金计划选择投资产品,并将其纳入整体计划中。
- 以有效的方式赠与继承人和慈善机构。
- 考虑了购置住房及房贷相关的决策。
- 管理和最终处置以低成本为基础的大型集中头寸(通常是你雇主的股票或已继承的股票)。
- 债券投资组合的单独账户管理,在最大化税收效率和税后收益的同时,避免了投资共同基金的成本。
- 持续跟踪评估投资业绩,能够衡量计划的进度并提供必要的调整建议,以尽量避免失败。
- 在突发情况下(如作为家庭财务支柱的亲人去世),能够起到保险的作用。

显然,没有一个顾问可以成为所有这些领域的专家。因此,在选择一家公司时,要确保它有一个专家团队,可以帮助解决这些领域的每个问题。在美国,你还应该确保公司的综合财富管理服务团队人员拥有PFS(个人理财专家)、CFP(注册理财规划师)或其他类似资质。请注意,PFS证书是授予在个人理财方面具备专业知识的注册会计师。一旦被授予相关资质，他们还必须保持必要的专业学习以更新资质。

同样重要的是，公司需要提供高水平的个人关注，并发展强大的人际关系。这应该是你尽职调查的一部分，你需要通过其他当地专业人士（如注册会计师和律师）和客户的推荐，来审查公司的声誉。

尽职调查的另一部分是看顾问如何分配时间工作。你可以问：你平常的一天是怎么样的？你要找的是这样一位顾问，他会把大部分时间花在解决客户关心的问题上，比如：

- 在金钱方面做出明智的决定。
- 最小化所得税、赠与税和遗产税。
- 将资产转移给下一代。
- 保护客户不被第三方不公正地拿走他们的资产。
- 对重大慈善捐赠的兴趣。

在寻找财务顾问的过程中，你应该与其讨论你所有的担忧。投资者的目标是深入了解顾问会如何帮助自己解决这些问题，并确保自己对顾问、他们的支持团队和整个财务顾问公司有高度信心。

现在我们讨论最后一点。就像投资工具的选择一样，成本固然重要，但真正重要的是相对于成本的附加价值。成本最低的投资工具可能并不是最好的选择。记住，好的建议不一定昂贵，但坏的建议几乎总是会让你付出高昂的代价，无论它的成本看上去多低。

选择财务顾问可能是你做的最重要的决定之一。因此，进行彻底的尽职调查非常重要。作为投资者，我们的硬性要求是，我们所选择的公司必须是一家将投资科学融入真正的财富管理的公司，并且以高度个性化的方式提供服务。

附录C　美国的ESG共同基金、ETF和专户[①]

在第八章，我们介绍了ESG基金的筛选流程。我们有意避免建立任何实际的投资组合，因为我们认为这是非常个性化的事情，应该基于一系列因素，包括你自己独特的能力、意愿和风险承受能力，以及个人目标和价值观。

好消息是，美国基金行业已经对可持续投资产品的需求做出了回应，所以美国的投资者现在有几十种产品可以选择。为了帮助大家做出选择，我们提供了一些基金的例子，以供持可持续发展理念的投资者在建立投资组合时参考。我们根据这些基金最吸引投资者的类型，将它们分为不同类别。请注意，鉴于我们希望建议简明扼要，以及基金行业是不断推出新产品的，这个清单并不全面。某一基金不在清单中并不意味着你应该把它排除在考

---

① 本附录的内容均为美国市场发行基金，更适用于美国投资者，仅供读者参考。——译者注

虑范围之外。此外，我们再度强调进行尽职调查的重要性（附录 E 提供了帮助你进行尽职调查的问题列表）。

指数基金或 ETF

对于偏好被动管理、收益率接近指数、低成本投资策略的美国投资者来说，很幸运，大多数资产类别都有很多符合以上标准的产品供选择。表 C.1 展示了其中一部分。

表 C.1 部分指数基金

分类	名称	简称
美国股票市场	Calvert 美国大盘核心责任指数基金	CISIX
	IShares MSCI 美国 ESG 精选 ETF	SUSA
美国小盘/价值股票	Calvert 美国大盘价值责任指数基金	CFJIX
	Nuveen 大盘价值 ETF	NULV
	Nuveen 小盘 ESG ETF	NUSC
	Praxis 小盘指数基金	MMSIX
国际股票	Calvert 国际责任指数基金	CDHIX
	Nuveen 国际发达市场 ESG ETF	NUDM
新兴市场	Nuveen 新兴市场 ESG 股票 ETF	NUEM
	Ishares MSCI 新兴市场 ESG 意识领袖 ETF	LDEM
房地产	Vert 全球可持续房地产基金	VGSRX
固定收益	Nuveen 美国综合 ESG 债券 ETF	NUBD
	Fidelity 可持续债券指数基金	FNDSX

Dimensional 公司的基金

对于追求市场平均表现,同时倾向于在小盘股和盈利因子方面有适度倾斜的投资者来说,Dimensional 公司的 ESG 产品具有吸引力,如表 C.2 所示。虽然这些策略通常只能通过财务顾问和平台来获取,但 401(k)、403(b)计划和其他养老金计划内的美国投资者可能也可以使用。

表 C.2　Dimensional 公司的基金

分类	名称	简称
美国股票市场	Dimensional 美国可持续核心 1 基金	DFSIX
美国小盘/价值股票	Dimensional 美国可持续目标价值基金	DAABX
国际股票	Dimensional 国际可持续核心 1 基金	DFSPX
新兴市场	Dimensional 新兴市场可持续核心 1 基金	DESIX
房地产	Vert 全球可持续房地产基金 *	VGSRX
固定收益	Dimensional 全球可持续固定收益基金	DGSFX

注:该基金由 Dimensional 公司担任副管理人,向所有投资者开放。本书合著者塞缪尔·亚当斯是 Vert Asset Management 的首席执行官,也是该基金的投资组合经理。

希望更多参与股东事务的基金

有些投资者希望自己的资产能鼓励企业做出更多负责任的

主题型 ESG 基金

ESG 投资者可以通过投资主题基金，使其投资组合更接近其价值观。一种方法是投资主题核心基金，以保持广泛的股票或债券市场敞口。又或者，你可以将一部分资产配置到另类资产类别，以投资于特定主题。

表 C.6　主题型 ESG 基金

分类	核心股票基金名称	简称
女性	Fidelity 女性领导力基金	FWOMX
	Glenmede 美国股票女性领导力基金	GWILX
	SPDR SSGA 性别多样性 ETF	SHE
	Pax Ellevate 全球女性领导力基金	PXWEX
可持续发展	Impact Shares 持续性全球发展目标 ETF	SDGA
气候 / 非化石燃料	Etho 气候领导美国 ETF	ETHO
	Change Finance 美国非化石燃料基金	CHGX
社会公正	Adasina 社会公正 ETF	JSTC
素食主义	美国素食主义气候 ETF	VEGN
分类	核心固定收益基金名称	简称
社区发展	CCM 社区影响债券基金	CRAIX
经适房	Access Capital 社区投资基金	ACCSX
气候	PIMCO 气候债券基金	PCEIX
绿色债券	Calvert 绿色债券基金	CGBIX
	安硕全球绿色债券 ETF	BGRN

续表

分类	另类资产投资基金名称	简称
可再生能源	Invesco WilderHill 清洁能源 ETF	PBW
	Tortoise 能源演化基金	TOPIX
水资源	KBI 全球投资者水瓶座基金	KBIWX
基础设施	Pax 全球可持续基础设施基金	PXDIX
清洁技术	Invesco 清洁技术 ETF	PZD

专户

有些投资者希望与设立专户的经理合作,因为他们想构建能体现个人价值观的投资组合,又或者是追求更高的税收效率。在美国,这类投资者可以考虑如下公司:Aperio Group、Dimensional、Ethica、JustInvest 和 Parametric。

附录 C 美国的 ESG 共同基金、ETF 和专户

附录D 资源指南

本附录是美国计划发起人委员会（PSCA）2020年出版的ESG资源指南的再版。它为读者提供了一系列深入可持续投资教育和研究的资源列表。但这并不是，也不能成为涵盖所有资源提供方的完整列表。

本指南分为6个部分：

1. 政策与倡议：本部分列出了著名的全球非政府组织和倡导团体，它们的使命和提供的资源致力于促进大众对负责任投资原则的理解和采纳。
2. 法律和监管：美国劳工部员工福利安全管理局制定的影响ESG投资的规则经常被认为是计划发起人采用ESG投资策略的障碍，因此该部分提供了直接链接以进行源文件分析。此外，还提供了其他全球监管机构/法规的链接以供比较。
3. 财务报告和标准制定：本部分列出的是颁布新改进的财务报

告标准的最前沿组织，这些标准将 ESG 因素纳入传统财务报告。其目标是更全面地了解公司的财务业绩和重大风险。

4. 以环境（E）、社会（S）或治理（G）为重点：此部分包括更聚焦于 ESG 3 个主要因素之一的组织，而不是更宽泛的 ESG 整体的倡议或参与。影响力投资也包括在该部分。

5. 指数提供商和评级服务：本部分列出了通过建立指数和基准来衡量 ESG 投资业绩，为 ESG 投资提供定义框架的组织。投资经理可以授权这些指数，以创建基于指数的共同基金或 ETF。该部分还包括主要提供公司和行业关键数据和评估的 ESG 评级和排名服务商。

6. 研究与出版物：本部分列出的组织拥有研究 ESG 议题的专用资源，并为资产所有者和投资者提供分析、评论、思想领导以及产品和服务。虽然有些资源以学术研究为基础，但大部分资源以商业为导向，并向其订阅者提供网站资源和 / 或定制的软硬件作为其服务的一部分。该部分还列出了相关新闻机构。

我们感谢 PSCA 提供这一宝贵资源并允许我们在此处重新发布。特别要感谢创建资源指南的专家：CFA、另类投资基金管理人罗伯特·埃默里·派克（Robert E. Emery Pike），美国特许退休计划顾问和专家马修·卢克萨（Matthew Luksa），DFA 养老金业务主管蒂姆·科恩（Tim Kohn），美国可持续投资论坛研究总监梅格·沃赫斯（Meg Voorhes），标准普尔道琼斯指数高级总监、ESG 产品策略主管莫娜·纳克维（Mona Naqvi），IMC、FRM、CIMA、德意志资产管理研究所所长罗伯特·布什（Robert Bush），以及平面设计师珍妮·特里（Jenny Terry）。

政策与倡议

这些非政府组织是负责任投资（包括 ESG）标准制定的倡导者和领导者。任何规模的组织和资产管理者和所有者都可以加入这些组织 / 倡议，并与机构主体、流程和目标保持一致，以在全球范围内向可持续投资实践转型。

全球性的非政府组织

联合国负责任投资原则（UN PRI）	PRI 是负责任投资的全球主要支持者。它致力于了解 ESG 对投资的影响，并支持其全球范围内的投资签署方将这些因素纳入其投资和所有权决策。
联合国可持续发展目标	可持续发展目标是使所有人实现更美好、更可持续未来的蓝图。它们解决了我们面临的全球挑战，包括与贫困、不平等、气候、环境恶化、繁荣以及和平与正义有关的挑战。这些可持续发展目标经常被决策者和实践者提及。
联合国全球契约组织	全球倡议鼓励公司将战略和运营与人权、劳工标准、环境和反腐败领域的全球共识原则保持一致，并采取行动推进社会目标。
可持续证券交易所倡议	可持续证券交易所（SSE）倡议是由联合国贸易和发展会议（UNCTAD）、联合国全球契约、联合国环境规划署金融倡议组织（UNEP FI）和联合国负责任投资原则组织的联合国伙伴计划。SSE 的使命是提供一个全球平台探索交易所如何与投资者、公司（发行人）、监管机构、政策制定者和相关国际组织合作，提高在 ESG 议题上的表现并鼓励可持续投资，包括为联合国可持续发展目标提供资金。

欧洲的倡议组织

欧洲可持续投资论坛组织（EUROSIF）	EUROSIF 是领先的泛欧洲的可持续和负责任投资会员组织，其使命是通过欧洲金融市场促进可持续发展。EUROSIF 是欧洲国家可持续投资论坛（SIFs）的合作伙伴，并得到其网络的直接支持，该网络涵盖来自可持续投资行业价值链的 400 多个欧洲组织。这些组织

续表

	包括机构投资者、资产管理公司、金融服务机构、指数提供商以及 ESG 研究和分析公司。EUROSIF 的主要活动是公共政策研究和创建平台以获取可持续投资的最佳实践，促进欧洲市场的可持续发展。

世界范围内的其他组织

全球可持续投资联盟（GSIA）	GSIA 是 Eurosif、RIAA、RIA Canada、UKSIF、USSIF、VBDO、JSFI 之间的全球联盟。GSIA 的使命是提高可持续投资组织在全球层面的影响力和知名度。其愿景是打造一个将可持续投资整合到金融系统和投资链中的世界，并使世界所有地区都有代表和推动可持续投资的活跃的会员制机构。

其他倡议和思想领导

美国环境责任经济联盟（Ceres）	Ceres 是一家可持续发展的非营利组织，它通过与最具影响力的投资者和公司合作，在整个经济中建立领导地位并推动解决方案。通过强大的网络和宣传，Ceres 致力于应对世界上最严峻的可持续发展挑战，包括气候变化、水资源短缺和污染以及工作场所不公平。其金融市场、能源和法律专家团队使用领先的行业数据库进行开创性研究，为投资者绘制通往低碳之路的风险和机遇图。
企业公民和可持续发展中心委员会	提供研究、出版物、同行学习资源和其他工具，帮助成员公司将其企业可持续发展想法和活动转变为完整的核心业务战略，瞄准能够提供最大经济、环境和社会效益的商业机会。
美国可持续投资论坛（USSIF）	美国推动所有资产类别的可持续、负责任和影响力投资的领导者。它的使命是迅速将投资实践转向可持续发展，专注于长期投资和产生积极的社会和环境影响。USSIF 的工作得到了 USSIF 基金会的支持，该基金会是美国的 501（c）(3) 组织，从事教育、研究和计划活动以推进 USSIF 的使命，包括为顾问和其他金融专业人士提供有关可持续和影响力投资基础的培训。USSIF 还提供自我认定为 ESG 的投资经理和共同基金的在线目录。

续表

可持续评级全球倡议（GISR）	GISR 于 2011 年 6 月发起，是 Ceres 和 Tellus Institute 的联合项目，是一个旨在促进（而非阻碍）金融市场机构实现可持续发展目标和更广泛的全球可持续发展议程的公益组织。作为以公共利益为核心的多方利益相关者倡议，GISR 的愿景是改变 21 世纪企业价值的定义，即市场会鼓励所有形式的资本的维持和强化，包括人力、智力、自然、社会和金融。它与投资者、公司、ESG 研究和评级组织以及民间社会组织合作，以改善全球获得高质量可持续发展评级的机会。GISR 不对组织进行评级，而是通过自愿认证过程，根据企业与 GISR 的 12 项原则的一致性来认证其可持续性评级、排名或指数。
ShareAction	ShareAction 是总部位于英国的非营利组织，专注于增强投资体系中基金会、信仰团体、工会和非政府组织的互动，推动负责任投资运动。ShareAction 还注重改革投资体系内的规则、治理和激励机制，释放投资者力量以促进积极的社会和环境变化。
TIIP 投资整合项目	TIIP 建立了识别最适合投资者行动的系统性环境和社会挑战的理论框架，并开发和宣传有关有效系统投资工具的信息。此后，其扩大了工作范围，助力满足行业对采用系统投资方法和衡量投资者对环境和社会系统影响的实践指南的需求。
世界可持续发展工商理事会（WBCSD）	WBCSD 是一个由 200 多家领先企业的 CEO 领导的全球性组织，致力于加速向可持续发展世界的过渡。其专注于对股东、环境和社会产生最大的积极影响，从而帮助其成员公司更加成功和实现可持续发展。其成员公司来自各商业领域和主要经济体。由近 70 个国家商业委员会组成的全球网络为其成员提供了无与伦比的全球影响力。自 1995 年以来，WBCSD 一直处于独特的地位，可以与价值链上的成员公司合作，为最具挑战性的可持续性问题提供有影响力的业务解决方案。
世界资源研究所（WRI）	WRI 是一个跨越 60 多个国家的全球研究机构，在美国、中国、印度、巴西、印度尼西亚等地设有办事处。其 1 000 多名专家和员工与领导人密切合作，将伟大的想法转化为行动，以保护自然资源——经济机会和人类福祉的基础。其工作重点关注环境与发展交叉领域的 7 个关键问题：气候、能源、食品、森林、水、城市和海洋。

法律法规

退休计划受托人和其他人必须遵守因地理和司法管辖区而异的众多法律法规。下面的列表可以快速访问参考示例,但并非一个详尽列表。我们强烈建议,如有任何进一步的审查或问题,请咨询律师。

美国

联邦公报	2020年6月30日公布劳工部对经修订的1974年《雇员退休收入保障法》(ERISA)标题I下的"投资职责"规定的拟议修正案,以确认《雇员退休收入保障法》要求计划受托人仅根据与特定投资或投资行动方案的风险调整经济价值相关的财务考虑来选择投资和投资行动方案。
美国劳工部/员工福利安全管理局	2020年6月23日新闻稿,描述拟议的新投资关税规则。
美国劳工部/员工福利安全管理局	2018年4月23日现场援助公告(FAB)2018-01,它为员工福利安全管理局的国家和地区办事处提供指导,以帮助解决他们可能从计划受托人和其他感兴趣的利益相关者那里收到的2016-01解释公告(与行使股东权利和投资政策书面声明有关),以及2015-01解释公告[与"经济目标投资"(ETI)有关。经济目标投资通常被定义为,除了为员工福利计划投资者带来投资回报,还因其创造的经济利益而被选择的投资。]的相关问题。
联邦公报	2016年12月29日的出版物,阐述了劳工部关于1974年《雇员退休收入保障法》第I篇第4部分第402、403和404节规定的法律标准的补充意见,主要关于对员工福利计划投资组合中持有证券的代理投票,对投资政策声明的维护和遵守,包括代理投票政策,以及行使股东的其他合法权利。(IB 2016-01)
美国劳工部/员工福利安全管理局	2016年12月29日解释性公告(IB)2016-01,涉及行使股东权利和投资政策书面声明,包括代理投票政策或指南。
联邦公报	2015年10月26日的出版物,阐述了劳工部关于1974年《雇员退休收入保障法》第I篇第4部分第403和404节就计划受托人决定将计划资产投资"经济目标投资"实施的法律标准的补充意见。(IB 2015-01)

续表

美国劳工部/员工福利安全管理局		2015年10月22日劳工部关于"考虑ESG因素的经济目标投资和投资策略"的概况介绍。
	联邦公报	2008年10月17日的出版物,阐述了劳工部关于《雇员退休收入保障法》第I篇第402、403和404条关于行使股东权利和书面声明的法律标准的观点投资政策,包括代理投票政策或指南。(IB 2008-01)
	联邦公报	1994年6月23日的出版物,阐述了劳工部关于1974年《雇员退休收入保障法》第I篇第4部分第403和404节规定的关于计划受托人决定将计划资产投资"经济目标投资"的法律标准的观点。在本文件中,美国商务部指出,如果经济目标投资的预期收益率与该计划可用的具有类似风险特征的另类投资的收益率相当,以及如果根据多样化和该计划的投资政策等因素,经济目标投资是计划的适当投资,则403节和404节的要求不限制计划受托人决定投资计划资产经济目标投资。(IB 94–1)
美国证券交易委员会(SEC)		具有里程碑意义的2010年解释性版本,为上市公司就委员会适用于气候变化事务的现有披露要求提供指导。
美国商品期货交易委员会(CFTC)		2020年9月的报告题为"管理美国金融体系中的气候风险",这是美国政府部门首次尝试研究气候相关因素对金融体系的影响。该报告来自金融市场、银行和保险业、农业和能源市场、数据和情报服务提供商、环境可持续性公共政策部门以及关注气候变化、适应、公共政策和金融的学科。该报告提出了53条减轻气候变化对金融市场构成的风险的建议,有望成为美国未来气候变化监管和立法行动的实际参考标准。

世界范围内的其他法规

欧盟委员会	2019年6月发布的欧盟分类报告,是为ESG投资提供标准分类系统的前沿尝试。该报告关注气候变化和环境影响,将作为其他国家/地区的欧盟法规和模型的基础。

续表

欧盟委员会	欧盟于2016年12月发布的具有里程碑意义的指令，要求养老基金评估ESG风险并向计划参与者/受益人披露相关信息。
欧洲保险和职业养老金管理局（EIOPA）	欧盟养老金监管机构于2020年7月向国家监管机构发布关于如何考虑ESG因素的意见。
法国绿色增长能源转型法（第173-IV条）	开创性的气候变化法，2016年1月1日起实施，强化上市公司强制性碳披露要求，引入机构投资者（资产所有者和投资管理人）碳报告。并引入"遵守或解释"的实施方法。
日本金融厅	制定日本的管理守则和签署者，以及进一步的政策和法律信息。
英国财务报告委员会	制定英国管理守则和提供英国政策的相关链接。
现有的全球管理守则	Minerva Analytics关键国际代码链接列表。管理守则通常由机构投资者制定，并概述了与被投资公司合作的最佳实践。管理守则通常是自愿的，并基于"遵守或解释"或"不遵循就解释"的基础运作。管理守则可能具有监管推动力的元素，例如在资产管理人的行为中纳入业务规则。管理守则可能由会员机构或监管机构制定。

财务报告和标准制定者

制作有用的财务报告需要所有市场参与者都接受和使用的通用标准。下面列出的组织处于颁布新的和改进的财务报告标准的最前沿，这些标准将ESG纳入传统财务报告，以便更全面地了解公司的财务业绩和重大风险。

气候披露标准委员会（CDSB）	CDSB是一个由商业和环境非政府组织组成的国际联盟，致力于推进和调整全球主流企业报告模式，将自然资本与金融资本等同起来。为此，其为公司提供与财务信息一样严格的环境信息报告框架。反过来，这有助于他们通过主流企业报告为投资者提供有助于决策的环境信息，从而提高资本的有效配置。监管机构也受益于这些符合合规要求的材料。

续表

全球报告倡议组织（GRI）	GRI 是一个独立的国际组织，自 1997 年以来一直是可持续发展报告的先驱。该组织维护 GRI 可持续发展报告标准，以帮助全球企业和政府了解和交流它们对气候变化、人权、治理和社会福祉等关键可持续发展议题的影响。
影响力管理项目（IMP）	IMP 为众多组织提供了一个就如何衡量、评估和报告对环境和社会问题的影响达成共识的论坛。其召集了一个由 2 000 多个组织组成的从业者社区，就影响力管理技术进行讨论并达成共识（规范）。其还促进了 IMP 结构化网络———一种前所未有的组织合作，这些组织通过其特定和互补的专业知识，正在协调努力，为影响力测量、评估和报告提供完整的标准。
国际综合报告委员会（IIRC）	总部位于英国，由全球监管机构、投资者、公司、标准制定者、会计专业人士和非政府组织组成的联盟。该联盟正在促进有关价值创造的沟通，这是企业报告发展的下一步方向。
碳核算金融联盟（PCAF）	PCAF 是金融机构的全球伙伴关系，它们共同开发和实施一种统一的方法来评估和披露与其投融资相关的温室气体排放。2020 年 8 月发布了《全球碳核算准则》，为金融机构提供测算和披露其投融资的温室气体排放量的通用方法和规则。
可持续会计准则委员会（SASB）	位于美国旧金山的独立私营部门标准制定组织，致力于通过促进满足投资者需求的重要可持续性信息的高质量披露来提高资本市场的效率。发布重要性地图，作为按行业识别可持续发展问题的全球标准。
气候相关财务披露工作组（TCFD）	金融稳定委员会（FSB）TCFD 将制定自愿、一致的气候相关财务风险披露标准，供公司用于向投资者、贷款方、保险公司和其他利益相关者提供信息。工作组将考虑与气候变化相关的物理、责任和转型风险，以及跨行业的有效财务披露的构成要素。工作组的工作和建议将帮助公司了解金融市场对披露的要求，以衡量和应对气候变化风险，并鼓励公司按照投资者的需求进行披露。

续表

人力资本管理联盟（HCMC）	HCMC 是众多有影响力的机构投资者之间合作努力建立的联盟，旨在进一步提升人力资本管理作为公司业绩的关键组成部分。该联盟与公司和其他市场参与者合作，旨在了解和改进人力资本管理如何为创造长期股东价值做出贡献。
宗教间共同责任中心（ICCR）	由信仰和价值观驱动的组织组成的联盟，在特定的 E、S 和 G 问题上协作和协调它们的宣传。
投资者人权联盟	投资者人权联盟是一个负责任投资的集体行动平台，以尊重人民的基本权利为基础。其是一个以会员为基础的非营利性倡议，重点关注投资者尊重人权的责任、推动负责任商业行为的企业参与，以及推动健全的商业和人权政策的标准制定相关活动。
正义资本（JUST Capital）	正义资本由保罗·都铎·琼斯二世（Paul Tudor Jones II）领导的一群来自商业、金融和民间社会的相关人士于 2013 年共同创立。正义资本根据公平薪酬和平等对待所有工人的核心价值观对公司进行评估和排名，以追求建立一个惠及所有美国人的经济体的使命。在公众优先事项的指导下，其研究、排名、指数和数据驱动工具有助于衡量和提高企业在利益相关者经济中的表现。
百分之三十联盟（Thirty Percent Coalition）	美国董事会多元化联盟，其国内和国际成员致力于通过成立于 2011 年的美国百分之三十联盟增加美国公司董事会的多样性，并遵循以下指导原则：愿景——让高层领导和董事会反映美国劳动力的性别、种族和民族多样性；使命——倡导公司董事会的多元化，促进女性和有色人种参与公司董事会；重点——与需求方的公司合作。
劳动力信息披露倡议（WDI）	WDI 成立于 2016 年年底，旨在解决公司直接运营和供应链中劳动力政策和实践缺乏透明度的问题。WDI 利用投资者的影响力，鼓励上市公司完成涵盖结社自由、人权尽职调查、多元化、薪酬比率等内容的全面年度调查。这个标准化的数据集和随附的资源为投资者提供了额外的工具来评估公司对其员工的重视程度和举措。

聚焦治理议题的组织

与公司和其他被投资实体的治理有关的问题。在上市股权的背景下,包括:董事会结构、规模、多样性、技能和独立性、高管薪酬、股东权利、利益相关者互动、信息披露、商业道德、贿赂和腐败、内部控制和风险管理。通常来说,还包括处理公司管理层、董事会、股东和利益相关者之间关系的问题。这一类别还可能涉及商业战略问题,包括商业战略对环境和社会问题的影响,以及如何实施战略。在非上市资产类别中,治理问题还包括基金治理事项,例如咨询委员会的权力、估值问题、费用结构等。

As You Sow	As You Sow 是美国在股东权益倡导方面的非营利领导者。其成立于1992年,利用股东的力量创造持久的变革,造福于人类、地球和公司利润。其使命是通过股东倡导、联盟建设和创新的法律战略来促进环境和社会企业责任。其愿景是建立一个安全、公正和可持续发展的世界,在这个世界中,保护环境和人权是企业决策的核心。它们直接与企业高管合作,共同制定业务政策和实践,以降低风险、提高品牌声誉并提高利润,同时带来积极的环境和社会变革。
机构投资者理事会(CII)	CII 是一个由美国公众、企业和工会员工福利基金、其他员工福利计划、负责投资公共资产以及基金会和捐赠基金的州和地方实体组成的非营利、无党派协会。其成员基金包括公共养老基金等有责任保护数百万工人及其家人的退休储蓄的主要长期股东。CII 致力于促进公平、充满活力的资本市场,是有效的公司治理、强大的股东权利和明智的金融监管的主要领导者。
欧洲公司治理中心(ECGI)	ECGI 是一个国际科学非营利协会,为学者、立法者和从业者之间的讨论和对话开设论坛,重点关注主要的公司治理问题。它的主要作用是开展、委托和传播有关公司治理的领先研究。基于公正客观的研究以及成员的集体知识和智慧,它可以就公司治理政策的制定和最佳实践的发展提供建议。为了实现改善公司治理的目标,它成为欧洲和其他地方研究公司治理的学者的关注焦点,鼓励如经济学、法律、金融和管理等不同学科之间的互动。

续表

国际公司治理网络 （ICGN）	ICGN 成立于 1995 年，是一个以投资者为主导的组织，其使命是促进制定公司治理和投资者管理的有效标准，以促进全球有效市场和可持续经济发展。
投资者管理集团 （ISG）	ISG 是一个以投资者为主导的机构，涵盖一些最大的美国机构投资者和全球资产管理公司。ISG 旨在为美国机构投资者和董事会行为建立基本的投资管理和公司治理标准框架。其成果是美国管理和治理的相关框架，包括一套针对机构投资者的管理原则和针对美国上市公司的公司治理原则。

影响力投资 / 发展投资

影响力投资追求产生环境或社会回报（影响）和财务收益的双重目标。与 ESG 稍有不同，影响力投资的项目或投资意图是预先阐明的，具有明确的目标，且投后的结果度量直接与这些具体目标相关联。

B Analytics	B Lab 利用 B 影响力评估（B Impact Assessment）以及其支持计划和合作伙伴，帮助成千上万的企业、投资者和机构以与追求利润一样严格的方式管理它们的影响。B 影响力评估也用于认证 B Corp 社会企业（B Corporations）。
赤道原则 （EPs）	EPs 是金融机构采用的风险管理框架，用于确定、评估和管理项目中的环境和社会风险。它的主要目的是为尽职调查和监管提供最低标准，以支持负责任的风险决策。
全球影响力投资网络（GIIN）	GIIN 专注于减少影响力投资的障碍，以便更多的投资者可以分配资金来资助解决世界上最棘手的挑战的解决方案。该目标主要通过建设关键基础设施和开展有助于加速发展一致影响力投资行业的活动、教育和研究来实现。阅读 GIIN 的最新专栏和出版物，以及来自其他领先影响力投资组织的投资者焦点、投资概况和第三方研究。

可持续投资

续表

ImpactSpace	ImpactSpace 帮助个人与公司、投资者、交易和通过创造环境和社会价值产生财务回报的人士建立联系。其开放数据库 ImpactSpace 又名"CrunchBase for Impact",包括超过 10 000 家影响力企业、基金和交易的资料。
美国国际开发金融公司(DFC)	DFC 前身为海外私人投资公司,是美国的开发银行。DFC 与私营部门合作,为解决当今发展中国家面临的最严峻挑战提供资金。

指数和评级提供商

这些组织通过建立指数和基准来衡量 ESG 投资的绩效,为 ESG 投资提供定义框架。这些组织还开展主要的 ESG 评级和排名服务,以提供公司和行业的关键数据和评估。

指数提供商

卡尔弗特责任指数	卡尔弗特指数(The Calvert Indexes)是由 ESG 投资的早期支持者开发的专有指数。这些指数包括具有强大可持续特征的公司,这些公司总体上有可能达到或超过共同的广泛市场基准的表现。
机构股东服务(ISS)	ISS ESG 与全球指数提供商合作,基于高质量、可靠和相关的 ESG 数据和 ISS ESG 评级开发创新指数解决方案。
富时罗素可持续指数	富时罗素(FTSE Russell)旨在满足投资者多样化的 ESG 需求,为投资者提供数据和专业知识,将 ESG 和投资考虑因素整合到统一的可持续投资指数解决方案中。凭借近 20 年的可持续投资经验,富时罗素为客户提供涵盖全球发达市场和新兴市场数千家公司的可持续投资数据模型、评级、分析和指数。
全球房地产可持续指数(GRESB)	全球领先的房地产和基础设施投资 ESG 基准。GRESB 对实物资产的 ESG 绩效进行评估和基准测试,为资本市场提供标准化和经过验证的数据。

续表

	GRESB 的 ESG 数据涵盖了价值 4.5 万亿美元的房地产和基础设施，被 100 多家机构和金融投资者用于制定有助于实现更可持续的房地产行业的决策。
MSCI ESG 指数	明晟公司（MSCI）是全球最大的 ESG 指数提供商，拥有超过 1 500 个权益和固定收益 ESG 指数，旨在帮助机构投资者更有效地衡量 ESG 投资绩效并管理、衡量和报告 ESG 任务及执行情况。MSCI ESG 指数旨在通过利用 ESG 标准正面筛选、重新加权或负面筛选公司来代表最常见的 ESG 投资方法的表现。
晨星可持续指数系列	利用丰富的公司层面评级数据集，晨星提供了一系列专注于特定 ESG 标准的可持续发展基准和指数，以期实现全球经济的变化。该系列包含 Sustainalytics 可持续发展评分。
纳斯达克	纳斯达克提供了一整套环境指数，跟踪不断发展的清洁能源行业，也称为绿色指数。该指数由致力于在减少碳使用的基础上促进经济发展的公司组成。
Refinitiv/S-Network ESG 最佳实践指数	一套旨在为表现出最佳企业社会责任实践的公司提供基准的指数，通过公司在 Refinitiv/S-Network ESG 最佳实践评级架构中的卓越评级来衡量。该评级根据来自 Refinitiv ESG 数据库的"动态"评级对成分公司的 ESG 绩效进行排名。这些指数为企业社会责任投资者提供了一个全面的标杆体系。全球超过 5 000 家公司在 156 项 ESG 绩效关键指标中获得评级。
标普 ESG 指数	作为 ESG 指数的先驱，该指数至今仍是 ESG 指数的领先者，它结合了严谨的公司分析、稳健的方法和前沿的模型，为广泛的 ESG 基准和投资应用提供最先进的指数。其解决方案范围涵盖从核心 ESG 和低碳气候方法到主题和固定收益战略。
邮银（STOXX）ESG-X 指数	STOXX 提供了 40 多个基准的 ESG 筛选版本，这些基准符合主要资产所有者的负责任投资标准。该套基准提供了全球、区域和新兴市场基准的 ESG-X 版

续表

	本，包括 EURO STOXX 50® 和 STOXX® Europe 600 的 ESG-X 版本。ESG-X 指数包含基于标准规范和产品的剔除策略，旨在限制市场和声誉风险，同时保持较低的跟踪误差和与各自基准相似的风险回报组合。
TIAA ESG 指数	TIAA ESG 指数旨在反映 TIAA 策略的绩效表现，该策略旨在增加对积极的 ESG 因素的影响，并相对于其相应的 MSCI 母指数表现出较低的碳风险暴露。TIAA ESG 指数的构建还旨在最大限度地减少策略相对于相应母指数的跟踪误差。TIAA 被认为是 ESG 投资的先驱。
维吉奥·埃利斯 ESG 指数	维吉奥·埃利斯（Vigeo Eiris）管理两种类型的 ESG 指数，在彭博（Bloomberg）和 Datastream 等金融平台上发布：Euronext Vigeo Iris Indices 和 Ethibel Sustainability Indies（ESI）。

ESG 评级 / 排名 / 分数

彭博 ESG 绩效评分	基于公开数据和彭博分析的专有 ESG 评分，仅适用于彭博终端用户。
CDP 气候、水和森林分数	CDP 的年度 A 名单列出了世界上在环境透明度和绩效方面处于领先地位的最具开拓性的公司。其评分衡量企业对环境风险的披露、意识和管理的全面性，以及与环境领导力相关的最佳实践，例如设定富有雄心和意义的目标。
企业社会责任中心（CSR Hub）	CSRHub 提供一致的 ESG 评级来衡量绩效、研究供应链、改进报告水平和建立投资组合。它提供来自 144 个国家的 19 495 家公司的透明评级和排名，该评级和排名由 691 个行业领先的 CSR/ESG 数据源驱动，包括 ESG 分析师、公众、政府、出版物和非营利机构数据。
EcoVadis 企业社会责任评级	世界上第一个也是最大的供贸易伙伴共享可持续发展绩效信息的合作平台，涵盖 4 个主题：环境、劳工和人权、道德和可持续采购。该评级评估公司的

	续表
	政策、行动和结果,并参考第三方专业人士和外部利益相关者的意见。
富时罗素ESG评级	富时罗素为投资者提供了解公司的运营和产品相关的 ESG 风险和机遇的必要的模型和数据工具。富时罗素维护两个核心数据模型:ESG 评级和数据模型评估运营 ESG 风险和绩效,而绿色收入数据模型对提供环境解决方案的产品的收入进行分类和衡量。通过将数据模型分为这两个维度,用户可以更具体地确定是否针对与(运营)风险或(产品)机会相关的 ESG 议题设定目标。
HIP(人类影响+利润)影响力评级	投资者、顾问和资金经理正在使用 HIP Investor 独特的方法对所有类型的投资进行评级和排名,以了解未来风险、潜在回报和对社会的净影响。HIP 的定量分析系统地确定了投资安全层面的 ESG 可持续性成果。HIP 评级是投资者为积极影响力解决方案提供资金,同时追求最佳的风险调整后收益的有用工具。
ISS-Oekom	ISS 对公司、国家和绿色债券的 ESG 评级为投资者提供了深入的洞察力,有助于投资者有效地将可持续因素纳入其投资决策。其研究可以帮助投资者最大限度地降低 ESG 风险,遵守不断变化的监管和利益相关者要求并抓住相关机遇。如果有评级数据,上市股票的"ISS Governance QualityScore"会展现在雅虎金融的公司"资料"上。
MSCI ESG 评级	MSCI ESG 评级旨在衡量公司对长期与财务相关的 ESG 风险的韧性。其利用人工智能和另类数据提供与投资相关的动态见解,为投资者做投资决策提供支持。
晨星可持续发展评级	晨星可持续发展评级是衡量投资组合相对于投资组合同行组的对财务有重大影响的 ESG 风险的指标。该评级利用 ESG 研究的领先提供商 Sustainalytics 的公司层面 ESG 风险评级,基于历史持股进行计算。它是根据晨星的持有投资组合数据库为全球管理的产品和指数计算的。

续表

RepRisk	RepRisk 是一家全球数据科学公司，提供衡量重大 ESG 风险的量化解决方案。RepRisk 指数（RRI）衡量 ESG 问题的声誉风险敞口，由此得到的 RepRisk 评级（RRR）有助于基准测试和 ESG 整合。
标普全球（S&P Global）/荷宝（Robeco）SAM CSA	企业可持续发展评估（CSA）是对公司可持续发展实践的年度评估。每年会评估全球 7 300 多家公司。CSA 自 1999 年以来一直侧重于关注特定行业和有财务重大影响的标准。CSA 帮助公司从投资者的角度了解哪些可持续发展因素是重要的，以及哪些因素最有可能对公司的财务业绩产生影响。因此，CSA 可作为可持续发展路线图，帮助参与公司优先考虑最有可能提高公司竞争力的企业可持续发展计划。CSA 是全球公认的运行时间最长的 ESG 数据系列。
标普道琼斯指数 ESG 评分	标普道琼斯指数引入了一套新的 ESG 评分，让投资专业人士、分析师和公司能够深入了解公司的 ESG 表现。这些分数利用了来自标普全球旗下著名 ESG 数据专业评估部门 SAM 的业界知名评估数据。
Sustainalytics	ESG 研究和评级的全球领导者。为全球公司提供专有的 ESG 风险评级。富时罗素、邮银和晨星使用该分数来开发和维护自己的 ESG 指数系列。晨星也使用它来开展自己的 ESG 评分（全球排名）。Sustainalytics 的 ESG 评分也出现在雅虎金融的公司"可持续发展"版面。
Trucost	Trucost 是标普全球的一部分，评估与气候变化、自然资源限制以及更广泛的 ESG 相关的风险。
维吉奥·埃利斯	维吉奥·埃利斯是穆迪的关联公司，是一家为投资者和发行人社区提供 ESG 解决方案的全球供应商。

研究与出版物

以下不同的组织拥有专门的资源来研究 ESG 问题，并为资产所有者和投资者提供分析、评论、思想领导力以及产品和服务。

独立研究

CFA 协会	投资经理和金融分析师领域全球首屈一指的组织，提供特许金融分析师（CFA）称号以及教育和研究等。其主页列示了所有 ESG 资源。
GSIA	《全球可持续投资评论》是一份两年期报告，是唯一一份整理了来自欧洲、美国、日本、加拿大、澳大利亚和新西兰的区域可持续投资论坛的市场研究结果的报告。它通过借鉴 GSIA 成员——EUROSIF、日本可持续投资论坛（JSIF）、澳大利亚负责任投资协会、加拿大负责任投资协会和 USSIF 的深度区域和国家报告，提供对这些市场的可持续投资的概览。该报告还包括来自非洲投资影响力"晴雨表"的非洲可持续投资市场数据，以及来自 PRI 的拉丁美洲数据。
UN PRI	"负责任投资蓝图"是 UN PRI 及其所有签署方的 10 年愿景和使命宣言，被认为是指导和发展全球负责任投资运动的主要参考。
USSIF	《美国可持续和影响力投资趋势报告》是 USSIF 的旗舰出版物（每两年出版一次），也是美国可持续投资趋势报告中运行时间最长、被引用最广泛的报告。它提供了有关使用可持续投资策略的机构资产所有者、资金管理公司和投资工具的数量的广泛数据。它还提炼了投资者考虑的一系列重大 ESG 问题。它是唯一一份提供所有资产类别中参与可持续投资策略的专业资产详细分类的报告。该报告通过识别和记录投资者日益关注的 ESG 主题和发展，提供有价值的市场研究并在政策制定者、媒体、学术界和非营利组织中广泛传播。

商业研究与产品

Arabesque	一家全球金融科技公司集团，通过先进的 ESG 和 AI 能力提供可持续投资、咨询和数据服务。成立于 2013 年，致力于开展金融、数学、人工智能和可持续发展领域的领导者之间的合作，共同努力为资本市场提供一种全新方法。相信创造经济价值可以而且应该与环境管理、社会包容和健全的治理相结合。利用前沿技术、研究和数据为不断变化的世界提供可持续、透明的金融解决方案。

续表

彭博	年度影响调查 + 其他资源。
社会与可持续产品中心（CSSP）	CSSP 是一家总部位于欧洲的独立咨询和研究机构，专注于 ESG 和碳风险及其对投资的影响。帮助客户评估和更好地了解其投资中的 ESG 和气候相关风险和机遇，为客户提供全面的报告和咨询服务。
Ethibel 论坛	目标是促进和加速向可持续社会的过渡。为此，通过积极推动企业社会责任（CSR）和 SRI 来产生影响。力求通过开发特定的服务和产品来实现这一目标，例如产品质量标签、审计以及金融和非金融产品的认证。
Global Sustain	提供与可持续发展、企业责任、负责任投资、绿色经济、商业道德和卓越、透明度、人权和问责制相关的线上和线下创新服务。其成员包括公司、非政府和非营利组织、市政当局和地方当局、学术机构、媒体、专业团体、服务提供商、商会、智库和其他公共或私人实体。
ISS-Oekom	提供企业和国家 ESG 研究和评级，使其客户通过咨询服务等能够识别重大的社会和环境风险和机遇。如果有评级数据，上市股票的 "ISS Governance QualityScore" 会展现在雅虎金融的公司 "资料" 上。
MSCI	可持续发展研究和指数构建的全球领导者之一。
晨星	可持续发展研究和指数构建的全球领导者之一。
荷宝 SAM	成立于 1995 年，是一家专注于可持续投资的专业投资公司。该公司的研究和投资战略服务于机构资产所有者和金融中介机构，旨在产生可衡量的环境或社会影响，并为实现联合国可持续发展目标做出积极贡献。25 年的可持续发展研究洞察力奠定了该公司的投资流程和影响测量能力。此外，该公司率先使用其 Smart ESG 方法将 ESG 视为独立因素进行投资决策。
标普全球	通过评级、市场情报、标普道琼斯指数、普氏（Platts）和荷宝 SAM 部门提供 ESG 数据、分析和研究的全球领导者。
标普道琼斯（S&P Dow Jones）	从气候变化和碳排放的影响到平等和人权的 ESG 考量正给金融市场带来无法估价的风险。全球转型需要为更具弹性、更可持续的全球经济提供资金，这可能会带来重大的

续表

汤森路透（Thomson Reuters）	增长机会。越来越多的证据表明，公司对 ESG 的投入可能是其风险管理和回报的重要驱动力。全球越来越多的投资者开始关注 ESG 机遇和风险，并将 ESG 纳入其战略。EIKON 工作站可查找 ESG 同行观察（ESG Peer View）专有数据。	
价值实验室（True Value Labs）	通过利用人工智能，以前所未有的速度和规模分析和解释大量非结构化数据，增强了投资公司的研究能力。团队由行业思想领袖、数据科学家、内容专家、学者、金融服务专家和技术专家组成，致力于为投资界打造以 ESG 为重点的创新产品。	
维吉奥·埃利斯	维吉奥·埃利斯是穆迪的关联公司，是一家为投资者和发行人社区提供 ESG 解决方案的全球供应商。	

学术研究

负责任商业中心	隶属于加州大学伯克利分校哈斯商学院商业与社会影响研究所，其使命是培养重新定义商业模式的领导者以实现可持续发展的未来。
哥伦比亚大学地球研究所	地球研究所成立于 1995 年，由哥伦比亚大学数十个研究中心和项目的学者组成。成立该研究所的目的是促进对地球科学的基本理解，并将这些知识应用于世界各地的政府和企业决策。
欧洲企业参与中心（ECCE）	马斯特里赫特大学商业与经济学院的 ECCE 是世界领先的可持续金融和负责任投资研究机构。就 ESG 标准对金融市场资产定价的影响提供高质量的研究。此外，还研究投资者与他们所投公司互动的不同方式。ECCE 可以被视为利用多学科研究网络的"负责任投资实验室"。ECCE 帮助从业者和学者了解企业和金融市场如何通过考虑 ESG 议题来促进可持续发展。
麻省理工学院斯隆学院可持续发展倡议	麻省理工学院斯隆学院可持续发展倡议的使命是提供最好的教育，将学术的严谨性应用于现实世界的问题，并授权各地的领导者采取专业和个人

续表

	的行动，使人类和自然及我们的子孙后代繁荣发展。该倡议还创建了在线平台 SHIFT，可以让个人探索可持续发展工具的海洋，并快速开辟出适合个人的组织的实施路径。
社会科学研究网络 （SSRN）	SSRN 由许多专业研究网络组成，致力于在全球范围内快速传播研究成果。SSRN 的电子图书馆提供来自 50 多个学科的 502 177 名研究人员的 950 067 篇研究论文。
可持续投资研究倡议图书馆	可持续投资研究倡议图书馆是一个可检索的学术研究数据库，用于了解可持续发展因素对风险和回报的影响。
沃顿商学院	沃顿商学院商业、气候和环境实验室支持前沿研究，提供思想领导力，并汇集来自学术界、政府、社区和私营部门的利益相关者，设计与气候变化、可再生能源、空气和水污染、废物处理、生物多样性和森林砍伐等主题相关的公共和私营部门智慧政策。

其他

环境金融	Environmental-Finance.com 是一家在线新闻和分析服务网站，成立于 1999 年，旨在报道可持续投资、绿色金融以及活跃于环境市场的个人和公司案例。
环境领袖	向高管提供能源、环境和可持续发展新闻的出版物。
负责任的投资者	社会责任投资的综合新闻来源，提供免费及时的报告和最新研究。
绿色资金 （Green Money）	每月发布电子期刊并更新网站相关新闻，其新闻撰稿人包括来自可持续商业、影响力投资、可再生能源、有机农业和合乎道德的产品等领域的顶级作家。
社会基金	SocialFunds.com 是最大的致力于 SRI 的个人理财网站。它包含超过 10 000 页关于 SRI 共同基金、社区投资、企业研究、股东行动和每日社会投资新闻的信息。

附录E　基金经理访谈指南

针对基金经理的访谈是了解基金经理投资策略的质量,以及他们参与可持续投资承诺的最佳方式。以下是我们建议你可以提出的问题。

ESG 质量

1. 该策略依赖于哪些 ESG 数据来源?
2. 你是否进行过任何 ESG 专有数据的收集或研究?
3. 你如何使用 ESG 研究人员给出的 ESG 评级?
4. 如何评估该策略的 ESG 重要性?
5. 你是否在投资分析过程中考虑了转型和气候变化相关的风险?

ESG 倾向

1. 你在多大程度上基于 ESG 标准进行投资？
   - ESG 考量：在应用传统财务指标标准后考虑 ESG 指标。
   - ESG 整合：在应用传统财务指标标准的同时考虑 ESG 指标。
   - ESG 聚焦：将 ESG 指标作为投资决策的决定因素，进行正面和负面筛选。
2. 你的投资组合中最重要的 ESG 主题是什么？
3. 你预期的跟踪误差是多少？
4. 你是否定期为该策略出具 ESG 或影响报告？

承诺

1. 你的股东参与策略是什么？
   - 代理投票：你是否有专门针对 ESG 策略的代理投票政策？
   - 直接对话：你是否与投资组合持有的公司进行直接对话？
   - 股东决议：你是否参与提交或共同提交决议？
   - 联盟与合作：你是否与其他投资者共同合作以推进积极所有权实践？
2. 你如何确定参与积极所有权实践的主题？

总结

- 你加入了哪些行业组织或机构？
- 贵公司在金融服务方面如何帮助客户建立可持续投资的能力？
- 贵公司在内部实施了哪些 ESG 举措？请详细说明。
- 贵公司是否定期出具 ESG 或可持续发展报告？

术语表

主动管理（Active management）：发现被市场低估或高估的证券和/或选择恰当的投资时机，即在市场上涨时加大投资，在市场下跌时减少投资。

阿尔法（Alpha）：相对于基准的风险调整绩效的衡量标准。正的阿尔法表示绩效优于基准，负的阿尔法表示绩效不及基准。正或负的阿尔法可能是由运气、基金经理能力、成本和/或基准选择错误造成的。

锚定（Anchoring）：一种认知偏差形式，即人们过分重视某些价值观或属性并将其作为参考点，进而不恰当地权衡后续数据的影响以支持其最初的评估。例如，一些投资者会将他们的投资组合的现值锚定在其曾经拥有的价值上，因此倾向于坚持持有亏损的投资以等待其至少实现收支平衡。

异常（Anomaly）：根据有效市场假说（EMH，术语见后文），无法用风险因素解释的证券回报。

套利（Arbitrage）：投资者试图利用两种完全相似（或非常相似）的证券之间的价格差异，同时以较低的价格买入一种证券并以较高的价格卖出另一种证券（从而避免或最大限度地减少风险）的过程。套利者的交易活动最终会消除这些价差。

资产分配（Asset allocation）：确定特定资产类别的资产配置比例的过程，或最终各类别资产的分配结果。

资产类别（Asset class）：具有相似风险和预期收益特征的一组资产，如现金、债务工具、房地产和股票等。在股票等主要资产类别中，还有更具体的类别，例如大盘和小盘公司股票，以及国内和国际股票。

巴拉长期全球股票模型（Barra Long-Term Global Equity Model）：全球多因子股票模型，通过对发达市场、新兴市场和前沿市场投资组合的广泛分析，为投资决策支持工具奠定基础，包括34个行业因素和11个风格因素。

基点（Basic point）：1‰，或0.0001。

基准（Benchmark）：可以用来评判共同基金和其他投资工具绩效的适当标准。国内大盘成长基金应根据国内大盘成长指数（如S&P 500成长指数）来判断，而小盘基金应根据小盘指数（如罗素2000指数）来判断。

贝塔（Beta）：股票、共同基金或投资组合对某个因子的敞口。

账面市值比（BtM）：每股账面价值与每股市场价格的比率，或账面价值除以市值。

账面价值（Book Value）：根据会计原则反映公司价值的会计概念，通常以每股表示。每股账面价值等于账面权益除以总股数。

棕色资产 / 公司（Brown assets/firms）：ESG 评级较差的证券 / 公司。

资本资产定价模型（CAPM）：第一个正式的资产定价模型。它使用单因子（市场贝塔）来描述风险和预期收益之间的关系，并用于风险证券的定价。

商品（Commodity）：一种供应时没有明显质量差异的实物产品（如玉米、石油或黄金）。

证实偏差（Confirmation bias）：选择性地搜集、解释、偏爱和回忆信息，以证实自己预先存在的信念或假设，而相对忽略其他替代可能性的倾向。

违约（Default）：未能及时支付本金或利息。

多元化（Diversification）：将资金分配到具有不同风险收益特征的投资产品中，以最大限度地降低投资组合的风险。

久期（Duration）：给定债券收益率的百分比变化，对应债券价格的预期百分比变化。久期越大，表明该债券价格对利率变化的敏感性越高。

有效市场假说（EMH）：在任何给定时间和流动市场中，证券价格充分反映了所有可用信息。该假说认为，由于市场是有效的，并且当前价格反映了所有信息，因此试图获取市场超额收益的行为本质上是一种机会博弈而非技术分析。

新兴市场（Emerging markets）：开始具备如较高的人均收入等发达国家特征的欠发达国家资本市场。此类别国家通常包括巴西、墨西哥、罗马尼亚、土耳其和泰国。

环境、社会和治理投资（ESG）：ESG 投资者在构建投资组合时明确考虑公司面临的环境、社会和治理风险和机遇。ESG

投资者希望考量公司如何管理其环境足迹及其对利益相关者的影响。这个过程通常需要收集公司提供的标准财务披露以外的信息和数据。ESG 投资者的目标是将有关公司可持续发展绩效的其他信息纳入其投资组合。

均衡（Equilibrium）：经济体系中各因素处于平衡的条件或状态。实际上，在没有外部影响的情况下，经济变量与其均衡值保持不变。

事件风险（Event risk）：发生意外事件（如战争、政治危机、洪水或飓风）对证券价值产生负面影响的风险。

交易所交易基金（ETF）：出于实际目的，这类基金的运作类似于开放式、免佣共同基金。尽管像共同基金一样，ETF 可以跟踪几乎任何指数或资产类别，但它并不是共同基金；相反，ETF 是交易所上市股票和开放式、免佣共同基金之间的结合。像股票（但与共同基金不同）一样，ETF 全天在证券交易所进行交易。

事前（Ex-ante）：在事件发生之前。

费用比率（Expense ratio）：共同基金的运营费用占总资产的百分比。这些费用从基金的投资业绩中扣除，以确定股东的净回报。运营费用包括基金管理费、托管费，在某些情况下，还包括营销费用。

事后（Ex-post）：在事件发生之后。

外部性（Externalities）：产品或服务的生产或消费给不相关的第三方带来的成本或收益。

因子（Factor）：一组证券中共有的数字或其他特征。

四因子模型（Four-factor model）：多元化股票投资组合之间的业绩差异可通过对四个因子的风险敞口进行最佳解释：市场

风险、市值规模、账面市值比和动量敞口。研究表明，平均而言，这四个因子可以解释约 95% 的多元化美国股票投资组合的业绩波动。

全球行业分类标准（GICS）：一种依据最符合公司业务运营特征将公司分类到特定经济部门和行业的方法。它由摩根士丹利资本国际（MSCI）和标准普尔联合开发，并用于 MSCI 指数。

绿色资产/公司（Green assets/firms）：具有良好 ESG 评级的证券/公司。

绿色债券（Green bond）：一种专门用于为气候和环境项目筹集资金的固定收益工具。绿色债券通常与资产挂钩并由发行人的资产负债表做担保，因此其信用评级通常与其发行人的其他债务相同。

绿色溢价（Greenium）：与传统债券相比，债券发行人能够通过发行具有特定用途，尤其是对环境和/或社会有积极影响的债券来获得更低的融资成本。

漂绿（Green washing）：宣传虚假形象或提供有关公司产品环保实践的误导性信息的过程。

成长股（Growth stocks）：市盈率相对较高或账面市值比相对较低的公司股票——与价值股相反。相较于整体市场，市场预计其盈利将快速增长。

对冲基金（Hedge fund）：通常可以投资于多种资产类别的基金。这些基金经常使用杠杆来增加回报。

指数基金（Index fund）：一种被动管理的基金，旨在复制特定指数的表现，例如威尔希尔 5000、标普 500 或罗素 2000。该基金可以购买和持有跟踪指数中的所有证券，并与它们在该指数中的权重（按市值计算）成正比的比例来复制该指数。该基金可以对指数进行抽样——小盘股和全市场指数基金的常用策略——和／或使用指数期货和其他衍生工具。

首次公开募股（IPO）：公司首次向公众发行股票。

峰度（Kurtosis）：比正态（钟形）分布更频繁（高峰度）或更不频繁（低峰度）出现的异常值（远大于或小于平均值）的程度。高峰度会导致的异常值成为"肥尾"，而低峰度导致"瘦尾"。

大盘股（Large-cap）：大盘股是指按市值衡量的，较其他公司而言规模较大的公司。具体的大公司的划分标准因来源而异。例如，一位投资专家可能将其定义为市值超过 20 亿美元，而另一位则可能以 50 亿美元来划分。

杠杆（Leverage）：使用债务来增加可获得的资产数量（如购买股票）。杠杆增加了投资组合的风险和预期回报。

流动性（Liquidity）：衡量在市场上交易证券的难易程度。

多方（Long side）：在多空投资组合中，与卖空的证券（空方）相比买入的证券。

管理费（Management fees）：为管理投资组合而向账户收取的总金额。

市场贝塔系数（Market beta）：股票、共同基金或投资组合的回报相对于整个股票市场回报的敏感度。这是贝塔的原始形式。

市值（Market cap/market capitalization）：对于单只股票，市值是已发行普通股的总数乘以当前每股价格。例如，如果一家公司有 1 亿股流通股，其当前股价为每股 30 美元，则该公司的市值为 30 亿美元。

到期日（Maturity）：债券发行人承诺偿还本金的日期。

单调（Monotonic）：以恒不增或恒不减的方式变化。

蒙特卡洛模拟（Monte Carlo Simulation）：用于模拟一个过程中不同结果的概率的工具，该过程受随机变量干扰而不易预测。它是一种用于了解预测模型中风险和不确定性影响的技术。

共同基金（Mutual fund）：由股票、债券或其他证券的投资组合构成的投资工具。

纳斯达克（Nasdaq）：美国全国证券交易商协会自动报价系统，是美国的一个电子证券交易机构，通常被称为场外交易（OTC）市场。

收益负相关（Negative correlation of returns）：当一种资产的收益高于平均水平时，另一种资产的收益往往低于平均水平，反之亦然。

纽约证券交易所（NYSE）：纽约证券交易所是世界领先的股票市场，其历史可追溯至 1792 年。纽约证券交易所市场有众多市场参与者，包括上市公司、个人投资者、机构投资者和成员公司。

被动资产类别基金（Passive asset class fund）：购买并持有特定国内或国际资产类别中的普通股的共同基金。购买的每种证券的金额通常与其市值相对于资产类别内所有证券的总市值成比例。股票将被持有到它不再符合该资产类别的定义和准则为止。被动资产类别基金提供了实施被动管理策略的基础。

市盈率（P/E ratio）：股票价格与每股收益的比率。市盈率高的股票被视为成长股，市盈率低的股票被视为价值股。

术语表

负责任投资原则（PRI）：由联合国发起，PRI 现在是一个促进负责任投资和可持续市场的独立机构。成员方签署 6 项原则，将责任投资定义为将 ESG 因素纳入投资决策和积极所有权的战略和实践。

原则 1：我们将把 ESG 问题纳入投资分析和决策过程。

原则 2：我们将成为积极的所有者，并将 ESG 问题纳入我们的所有权政策和实践。

原则 3：我们将寻求被投资实体对 ESG 相关问题进行合理披露。

原则 4：我们将推动投资行业广泛采纳并贯彻落实负责任投资原则。

原则 5：我们将共同努力，提高执行负责任投资原则的效力。

原则 6：我们将各自报告我们在执行负责任投资原则方面的活动和进展。

谨慎投资人规则（Prudent investor rules）：美国法律法规中的一项原则，规定负责管理他人资产的受托人必须以适合受益人财务状况和风险承受能力的方式管理这些资产。

再平衡（Rebalancing）：将投资组合恢复到其原始资产配置的过程。再平衡可以通过增加新的可投资基金或出售部分高估值的资产并使用收益购买额外数量的低估值的资产来实现。

房地产投资信托（REIT）：拥有或为房地产提供资金的公司。以 REITs 为代表，房地产是一个单独的资产类别。REITs 具有自身的风险和回报特征，与其他股票和固定收益资产的相关性相对较低。投资者可以像购买其他股票一样购买 REIT 的股票，也可以投资于主动或被动管理的 REIT 共同基金。

风险溢价（Risk premium）：接受特定类型的不可分散风险的更高预期（非保证）收益。

凸显理论（Salience theory）：假设决策者在意识到极端事件的可能性时会夸大极端事件的概率，从而导致主观概率分布并破坏理性。

美国证券交易委员会（SEC）：由美国国会设立的政府机构，旨在规范证券市场并保护投资者。SEC 对经纪自营商、投资顾问、共同基金以及向投资公众出售股票和债券的公司的运营具有管辖权。

夏普比率（Sharpe ratio）：相对于所承担风险而言，高于无风险资产（通常为一个月期美国国库券）收益率的超额收益，风险由收益的标准差来衡量。例如，一项资产的平均回报率为 10%，一个月期美国国库券的平均利率为 4%，标准差为 20%，则夏普比率等于（10% – 4%）/ 20%，即 0.3。

卖空（Short selling）：借入证券以立即卖出。这样做是期望投资者能够在以后（以更低的价格）回购证券，将其返还给贷方并锁定利润。

空方（Short side）：在多空投资组合中，与买入的证券（多方）相比卖空的证券。

偏度（Skewness）：分布不对称性的度量。当（小于）均值左侧的值比（大于）均值右侧的值更少但离均值更远时即为负偏度。例如，一组收益率 –30%、5%、10% 和 15% 的平均值为 0，只有一个收益率低于 0，其他 3 个高于 0；但负数比正数离 0 远得多。当（大于）平均值右侧的值比（小于）平均值左侧的值更少但距平均值更远时即为正偏度。

小盘股（Small-cap）：小盘股是指按市值衡量的，相较于其他公司而言规模较小的公司。小公司的确切定义因来源而异。例如，一位投资专业人士可能将其定义为市值低于 20 亿美元，而另一位专业人士可能以 50 亿美元衡量。我们关注股票市值是因为学术研究表明投资者可以期望通过投资小公司的股票来获得回报。通常认为其投资风险高于大公司股票，因此投资者对小公司股的投资会要求一定的风险溢价。

社会责任投资（SRI）：将投资者的个人价值观和道德纳入投资组合构建过程的投资策略。SRI 投资者通常避免投资于制造或销售有争议产品（如酒精、烟草、赌博、成人娱乐和枪支）的公司。他们还可能强调投资于具有如社会正义和性别平等等共同价值观或者符合其宗教信仰的公司。SRI 投资者的目标是让他们的投资组合与自己的个人价值观相匹配。

价差（Spread）：交易商愿意为债券支付的价格（买入价）与交易商愿意出售债券的价格（卖出价）之间的差额。

标准普尔 500 指数（S&P 500 Index）：美国 500 只最大股票的市值加权指数，旨在涵盖广泛且具有代表性的行业样本。

罪恶股票（Sin stocks）：参与被认为不道德或不正当活动或与之相关的公司。罪恶股票行业通常包括酒精、烟草、赌博、性相关行业和武器制造商。

标准差（Standard deviation）：波动性或风险的度量。标准差越大，证券或投资组合的波动性就越大。标准差的测量可以有不同的时间区间，例如每月、每季度或每年。

搁浅资产（Stranded assets）：记录在公司资产负债表上的实物资产，其投资价值因低碳转型而无法收回且必须注销。

可持续发展目标（SDG）：17 个相互关联的全球目标的集合，旨在成为为所有人实现更美好、更可持续未来的蓝图。SDG 由联合国大会于 2015 年制定，旨在于 2030 年实现。

可持续投资（Sustainable Investing）：一个包容性术语，用于描述任何将对人类和地球影响纳入考虑的投资方法。它有多种形式，包括 ESG 投资、SRI 和影响力投资。

系统性风险（Systematic risk）：无法分散的风险。市场必须对投资者承担的系统性风险进行补偿，否则投资者不会承担该风险。这种回报体现为风险溢价，即比投资风险较低的工具所能获得的预期回报更高。

尾部风险（Tail risk）：由于概率分布预测的罕见事件而发生损失的机会。一般来说，超过 3 个标准差的短期变动被认为是尾部风险事件。虽然严格定义上的尾部风险指左尾和右尾，但投资者最关心的是损失（左尾）。

三因子模型（Three-factor model）：多元化股票投资组合之间的表现差异，可通过对三个因子的风险敞口进行最佳解释：市场风险、市值规模和账面市值比。研究表明，平均而言，这三个因子可以解释 90% 以上的多元化美国股票投资组合的业绩波动。

跟踪误差（Tracking error）：基金表现与相应指数或基准的差值。对于整个投资组合等更一般情形，它是投资组合的表现与广泛接受的基准（例如标准普尔 500 指数或威尔希尔 5000 指数）的差值。

T-stat：t-statistic 的缩写，是统计显著性的度量。大于 2.0 的值通常被认为与随机噪声有显著不同，数字越大表示置信度越高。

术语表

换手（Turnover）：基金出售证券并买入新证券以替换的交易活动。

效用／负效用（Utility/disutility）：消费者通过消费特定商品或服务获得的满足／不满足程度。总效用通常与边际效用进行比较，边际效用是消费者从额外消费一单位商品或服务中获得的满足程度。

价值股（Value stocks）：市盈率相对较低或账面市值相对较高的公司股票——与成长股相对。相对于整体市场而言，市场预计其盈利增长将放缓。通常认为其投资风险高于成长型公司，因此投资者对价值股的投资要求一定的风险溢价。

波动率（Volatility）：金融工具在特定时间范围内价值变化的标准差。通常用于量化该工具在该期间的风险，通常指年化波动率。

权重（Weight）：投资组合中持有的证券或资产类别，相对于整个投资组合价值的百分比。

参考文献

引言

1. UN Development Programme. 2021. People's Climate Vote. https://www.undp.org/publications/peoples-climate-vote.
2. Donella H. Meadows, Jorgen Randers, and Dennis L. Meadows, *Limits to Growth: The 30-Year Update*, Chelsea Green Publishing; 3rd edition, June 2004.
3. Paul Hawken, Amory Lovins, and L. Hunter Lovins, *Natural Capitalism: Creating the Next Industrial Revolution*, US Green Building Council; October 2000.
4. Paul Hawkin, *The Ecology of Commerce*, Harper Business, March 2010.

第一章

1. Global Sustainable Investment Review 2020, Global Sustainable Investment Alliance. https://www.unpri.org/pri/a-blueprint-for-responsible-investment.
2. Report on US Sustainable and Impact Investing Trends 2020, US SIF.
3. "Who Cares Wins," UNEP FI, 2005.
4. Global Sustainable Investment Review 2020, Global Sustainable

Investment Alliance.
5. "Companies worth $15 trillion revealed on CDP 2020 'A List' of environmental leaders," CDP, December 8, 2020, https://www.cdp.net/en/articles/media/companies-worth-15-trillion-revealed-on-cdp-2020-a-list-of- environmental-leaders.
6. Lawrence D. Brown and Marcus L. Caylor, "Corporate Governance and Firm Valuation," *Journal of Accounting and Public Policy*, Vol. 25, No. 4, 2006.
7. Sustainable Funds US Landscape Report 2020, Morningstar.

第三章

1. Global Sustainable Investment Review 2020, Global Sustainable Investment Alliance.
2. The One Planet Sovereign Wealth Fund Framework, July 2018.
3. Government Pension Investment Fund ESG Report 2019.
4. J.G. Simon, C.W. Powers, and J.P. Gunnerman, *The Ethical Investor: Universities and Corporate Responsibility*, Yale University Press, 1972.
5. Yale Chief Investment Officer Letter to Managers, August 27, 2014.
6. Pope Francis, "'Laudato Si': On Care for Our Common Home," 2015.
7. https://www.gatesfoundation.org/our-work/programs/global-health/malaria.
8. UBS Sustainability Report 2020.
9. Sustainable Funds U.S. Landscape Report 2020, Morningstar Manager Research.
10. Fink Letter 2020. https://www.blackrock.com/corporate/investor-relations/larry-fink-chairmans-letter.
11. Fink Letter 2021. https://www.blackrock.com/corporate/investor-relations/larry-fink-chairmans-letter.
12. 2019 ESG Proxy Voting Trends by 50 U.S. Fund Families, Harvard Law School Forum on Corporate Governance. http://Corpgov.law.harvard.edu/2020/03/23/2019.
13. Report on US Sustainable and Impact Investing Trends 2020, US SIF.

第四章

1. Morgan Stanley Institute for Sustainable Investing, "Sustainable Signals: New Data from the Individual Investor," 2019.

2. Meir Statman, *Finance for Normal People*, Oxford Press, 2017.
3. Michael Mauboussin, *More Than You Know: Finding Financial Wisdom in Unconventional Places*, Columbia University Press, 2008.
4. Daniel Esty, Feb. 10, 2021, Presentation at Climate One, Commonwealth Club, San Francisco.
5. NYU Stern Center for Sustainable Business, Research on IRI Purchasing Data, March 11, 2019.
6. "Our Common Future," U.N. World Commission on Environment and Development, 1987.

第五章

1. Report on US Sustainable and Impact Investing Trends 2020, US SIF.
2. CDP Media Fact Sheet April 2021. https://www.cdp.net/en/media.
3. "The Materiality of Social, Environmental, and Corporate Governance Issues to Equity Pricing," *UNEP Finance Initiative*, 2004.
4. UNPRI Annual Report 2020. www.unpri.org/annual-report-2020/how-we-work/building-our-effectiveness/enhance-our-global-footprint.
5. Florian Berg, Julian Koelbel, and Roberto Rigobon, "Aggregate Confusion: The Divergence of ESG Ratings," May 2020.
6. Steve Lydenberg, Jean Rogers, and David Wood, "From Transparency to Performance: Industry-Based Sustainability Reporting on Key Issues," 2010.
7. Nasa website. https://climate.nasa.gov/scientifc-consensus/.
8. Larry Fink letter to CEOs. www.blackrock.com/corporate/investor-relations/larry-fink-ceo-letter. https://www.cnbc.com/2020/12/16/blackrock-makes-climate-change-central-to-investment-strategy-for-2021.html.

第六章

1. Florian Berg, Julian Koelbel, and Roberto Rigobon, "Aggregate Confusion: The Divergence of ESG Ratings," May 2020.
2. Monica Billio, Michele Costola, Iva Hristova, Carmelo Latino, and Loriana Pelizzon, "Inside the ESG Ratings: (Dis)agreement and Performance," June 2020.
3. Ralf Conen, Stefan Hartmann, and Markus Rudolf, "Going Green Means Being in the Black," July 2020.

4. Elroy Dimson, Paul Marsh, and Mike Staunton, "Divergent ESG Ratings," *The Journal of Portfolio Management*, November 2020.
5. Pension & Investments, "Norway wealth fund misses out on returns due to divestment, Norges says." March 22, 2017.
6. Greg Richey, "Fewer Reasons to Sin: A Five-Factor Investigation of Vice Stocks," July 2017.
7. Harrison Hong and Marcin Kacperczyk, "The Price of Sin: The Effects of Social Norms on Markets," *Journal of Financial Economics*, July 2009.
8. Elroy Dimson, Paul Marsh, and Mike Staunton, "Exclusionary Screening," *The Journal of Impact and ESG Investing*, Fall 2020.
9. Daniel Kaufmann, Aart Kraay, and Massimo Mastruzzi, "The Worldwide Governance Indicators: Methodology and Analytical Issues," Policy Research working paper, World Bank (2010).
10. Rocco Ciciretti, Ambrogio Dalò, and Lammertjan Dam, "The Price of Taste for Socially Responsible Investment," Centre for Economic and International Studies Papers, 2017.
11. Rocco Ciciretti, Ambrogio Dalò, and Lammertjan Dam, "The Contributions of Betas versus Characteristics to the ESG Premium," 2019.
12. Lubos Pastor, Robert Stambaugh, and Lucian Taylor, "Sustainable Investing in Equilibrium," December 2019.
13. Olivier Zerbib, "A Sustainable Capital Asset Pricing Model (S-CAPM): Evidence from Green Investing and Sin Stock Exclusion," 2019.
14. Jason Hsu, Xiaoyang Liu, Keren Shen, Vivek Viswanathan, and Yanxiang Zhao, "Outperformance through Investing in ESG in Need," *The Journal of Index Investing*, Fall 2018.
15. Patrick Bolton and Marcin Kacperczyk, "Do Investors Care about Carbon Risk?" 2020.
16. Maximilian Görgen, Andrea Jacob, Martin Nerlinger, Ryan Riordan, Martin Rohleder, and Marco Wilkens, "Carbon Risk," August 2020.
17. Maximilian Görgen, Andrea Jacob, and Martin Nerlinger, "Get Green or Die Trying? Carbon Risk Integration into Portfolio Management," *The Journal of Portfolio Management*, February 2021.
18. Alexander Cheema-Fox, Bridget Realmuto LaPerla, George Serafeim, David Turkington, and Hui (Stacie) Wang, "Decarbonization Factors," *The Journal of Impact and ESG Investing*, Fall 2021.
19. Bradford Cornell and Aswath Damodaran, "Valuing ESG: Doing Good or Sounding Good?," *The Journal of Impact and ESG Investing*, September 2020.
20. Giovanni Bruno, Mikheil Esakia, and Felix Goltz, "'Honey, I Shrunk the ESG Alpha: Risk-Adjusting ESG Portfolio Returns," April 2021.
21. Wayne Winegarden, "Environmental, Social, and Governance (ESG)

Investing: An Evaluation of the Evidence," 2019.
22. Jan-Carl Plagge and Douglas Grim, "Have Investors Paid a Performance Price? Examining the Behavior of ESG Equity Funds," *The Journal of Portfolio Management*, February 2020.
23. Hao Liang, Lin Sun, and Melvyn Teo, "Socially Responsible Hedge Funds," May 2020.
24. Soohun Kim and Aaron Yoon, "Analyzing Active Managers' Commitment to ESG: Evidence from United Nations Principles for Responsible Investment," March 2020.
25. Rajna Gibson, Simon Glossner, Philipp Krueger, Pedro Matos, and Tom Stefen, "Responsible Institutional Investing Around the World," May 2020.
26. Meir Statman and Denys Glushkov, "Classifying and Measuring the Performance of Socially Responsible Mutual Funds," *The Journal of Portfolio Management*, Winter 2016.
27. Alex Edmans, "Does the Stock Market Fully Value Intangibles? Employee Satisfaction and Equity Prices," *Journal of Financial Economics*, September 2011.
28. Jeroen Derwall, Nadja Guenster, Rob Bauer, and Kees Koedijk, "The Eco- Efficiency Premium Puzzle," *Financial Analysts Journal*, 2005, Vol 61, Issue 2.
29. Alexander Kempf and Peer Osthof, "The Effect of Socially Responsible Investing on Portfolio Performance," *European Financial Management*, November 2007.
30. André Breedt, Stefano Ciliberti, Stanislao Gualdi, and Philip Seager, "Is ESG an Equity Factor or Just an Investment Guide?" *The Journal of Investing, ESG Special Issue 2019*, 28 (2) 32–42.
31. Simon Glossner, "ESG Risks and the Cross-Section of Stock Returns," November 2017.
32. Simon Glossner, "ESG Incidents and Shareholder Value," February 2021.
33. Bei Cui and Paul Docherty, "Stock Price Overreaction to ESG Controversies," April 2020.
34. Fabio Alessandrini and Eric Jondeau, "ESG Investing: From Sin Stocks to Smart Beta," *The Journal of Portfolio Management Ethical Investing 2020*, 46(3).
35. Michael Halling, Jin Yu, and Josef Zechner, "Primary Corporate Bond Markets and Social Responsibility," August 2020.
36. Jie Cao, Yi Li, Xintong Zhan, Weiming Zhang, and Linyu Zho, "Carbon Emissions, Institutional Trading, and the Liquidity of Corporate Bonds," July 2021.
37. Martin Fridson, Lu Jiang, Zhiyuan Mei, and Daniel Navaei, "ESG Impact

on High-Yield Returns," *The Journal of Fixed Income*, Spring 2021.
38. David Larcker and Edward Watts, "Where's the Greenium?" *Journal of Accounting and Finance*, April–May 2020.
39. Wei Dai and Philipp Meyer-Brauns, "Greenhouse Gas Emissions and Expected Returns," October 2020.
40. Brad M. Barber, Adair Morse, and Ayako Yasuda, "Impact Investing," *Journal of Financial Economics*, January 2021.
41. Zacharias Sautner and Laura Starks, "ESG and Downside Risks: Implications for Pension Funds," June 2021.
42. Emirhan Ilhan, Zacharias Sautner, and Grigory Vilkov, "Carbon Tail Risk," *Review of Financial Studies*, March 2021.
43. Tinghua Duan, Frank Li, and Quan Wen, "Is Carbon Risk Priced in the Cross Section of Corporate Bond Returns?" August 2021.
44. Peter Diep, Lukasz Pomorski, and Scott Richardson, "Sustainable Systematic Credit," September 2021.
45. Ravi Bansal, Di Wu, and Amir Yaron, "Is Socially Responsible Investing A Luxury Good?," September 2019.
46. Lasse Heje Pedersen, Shaun Fitzgibbons, and Lukasz Pomorski, "Responsible Investing: The ESG-Efficient Frontier," *Journal of Financial Economics*, November 2020.

第七章

1. Guido Giese, Linda-Eling Lee, Dimitris Melas, Zoltán Nagy, and Laura Nishikawa, "Foundations of ESG Investing: How ESG Affects Equity Valuation, Risk, and Performance," *The Journal of Portfolio Management*, July 2019.
2. Kyle Welch and Aaron Yoon, "Do High Ability Managers Choose ESG Projects that Create Shareholder Value? Evidence from Employee Opinions," April 2021.
3. T. Clifton Green, Ruoyan Huang, Quan Wen, and Dexin Zhou, "Crowdsourced Employer Reviews and Stock Returns," *Journal of Financial Economics*, October 2019.
4. Lubos Pastor, Robert Stambaugh, and Lucian Taylor, "Sustainable Investing in Equilibrium," December 2019.
5. Madelyn Antoncic, Geert Bekaert, Richard Rothenberg, and Miquel Noguer, "Sustainable Investment—Exploring the Linkage Between Alpha, ESG, and SDG's," July 2020.
6. Robert Novy-Marx, "Fundamentally, Momentum is Fundamental Momentum," March 2015.

7. Tiziano De Angelis, Peter Tankov, and David Zerbib, "Environmental Impact Investing," April 2020.
8. Marco Ceccarelli, Stefano Ramelli, and Alexander Wagner, "When Investors Call for Climate Responsibility, How Do Mutual Funds Respond?," April 2019.
9. Itzhak Ben-David, Yeejin Jang, Stefanie Kleimeier, and Michael Viehs, "Exporting Pollution: Where Do Multinational Firms Emit CO_2?," November 2020.
10. Harshini Shanker, "Preferences of Investors and Sustainable Investing," 2019.
11. David Blitz, Laurens Swinkels, and Jan Anton van Zanten, "Does Sustainable Investing Deprive Unsustainable Firms from Fresh Capital?" December 2020.
12. Aneesh Raghunandan and Shivaram Rajgopal, "Do ESG Funds Make Stakeholder-Friendly Investments?," April 2021.
13. Samuel Drempetic, Christian Klein, and Bernhard Zwergel, "The Influence of Firm Size on the ESG Score: Corporate Sustainability Ratings Under Review," *Journal of Business Ethics*, November 2020.
14. Florencio Lopez de Silanes, Joseph A. McCahery, and Paul C. Pudschedl, "ESG Performance and Disclosure: A Cross-Country Analysis," January 2020.
15. www.sec.gov/fles/esg-risk-alert.pdf.
16. Davidson Heath, Daniele Macciocchi, Roni Michaely, and Matthew Ringgenberg, "Does Socially Responsible Investing Change Firm Behavior?," May 2021.
17. Alessandro Fenili and Carlo Raimondo, "ESG and the Pricing of IPOs: Does Sustainability Matter?," June 2021.
18. Elroy Dimson, Oğuzhan Karakaş, and Xi Li, "Active Ownership," *The Review of Financial Studies*, August 2015.

第八章

1. Kevin Grogan and Larry E. Swedroe, *Your Complete Guide to a Successful and Secure Retirement*, Harriman House, 2021.

结论

1. Doron Avramov, Abraham Lioui, Yang Liu, and Andrea Tarelli, "Dynamic

ESG Equilibrium," October 2021.
2. Ibid.
3. Philippe van der Beck, "Flow-Driven ESG Returns," September 2021.
4. Samuel M. Hartzmark and Abigail Sussman, "Do Investors Value Sustainability? A Natural Experiment Examining Ranking and Fund Flows," *The Journal of Finance*, August 2019.
5. Deutsche Bank, "Big Data Shakes Up ESG Investing," 2018.
6. Yazhou He, Bige Kahraman, and Michelle Lowry, "ES Risks and Shareholder Voice," September 2020.

附录 A

1. Rabbi Lawrence Troster, "Beyond the Letter of the Law: The Jewish Perspective on Ethical Investing and Fossil Fuel Divestment," December 3, 2014.